これだけ覚える！

2級建築士スピード攻略

'24年版

コンデックス情報研究所　編著

成美堂出版

本書の使い方

　本書は、2級建築士（学科）試験の丸暗記攻略本です。第1部の「ゴロ合わせ編」では、重要事項をゴロ合わせで覚えながら、図表にまとめられた項目を効率的に学習することができます。付属の赤シートを使えば、穴埋め問題としても活用できます。第2部の「頻出項目攻略編」では、最重要の頻出項目を重点的にチェックすることができます。

第❶章 建築計画

Lesson
⑮

保育所・教育施設等の計画

床面積の基準

幼児がいくわ
(1.98 m²/人以上)

イチゴをいっぱいもった
(1.5～1.8 m²/人)

小学生のもとへ

保育室（2歳以上）は1人当たり1.98 m²以上、小学校の普通教室は1人当たり1.5～1.8 m²の床面積を必要とする。

◆ゴロ合わせ
イラスト入りのゴロ合わせで、楽しみながら重要事項が暗記できる！

■床面積の基準

保育室（2歳以上）	・1.98 m²／人以上
小学校の普通教室	・1.5～1.8 m²／人
図書館の閲覧室	・1.5～3 m²／人

◆豊富な図表
豊富な図表で、要点を効率的に学習できる！

■保育所等の計画

・保育室は、昼寝の場と食事の場とを分ける。
・幼児用便所は、保育室の近くに設ける。
・幼児用便所のブースの仕切りの高さは、1.2 m程度とする。
・1人当たりの床面積は、5歳児用より3歳児用のほうを広くする。

■学校の計画

・小学校の低学年は総合教室型とし、高学年は特別教室型とする。

38

- 多目的スペースを普通教室に隣接して設ける。
- 黒板・掲示板とその周辺の壁との明度対比が大きくなり過ぎないように、色彩調整を行う。
- 図書室の出納システムは開架式とする。
- 環境教育の教材として、自然の生態系を観察できるビオトープを設置する。

■地域図書館の計画

- 新聞や雑誌などを気軽に読む空間として、　　　　　ジングコーナーを設ける。
- 💥 レファレンスルームではない！
- 一般閲覧室と児童閲覧室とは分　　　　配置し、貸出しカウンターは共用とする。
- 閲覧室の出納システムは、開　　　　　とする。
- 閲覧室の床の仕上げは、歩行音の発生を抑制するため、　　　　カーペット等とする。

■図書館に関する用語

レファレンスカウンター	・利用者の調べ　や　　　に対応する職員を配置したカウンター。
ブラウジングコーナー	・新聞や雑誌を気軽に読むための場所。
キャレル	・1人用の閲覧席。
ブックモビル	・マイクロバス等に本を積んで図書館サービスをするもの。移動図書館。

ここが重要！

- ブラウジングコーナーをレファレンスルーム（レファレンスコーナー）とするひっかけ問題が頻出だ。気をつけよう！

これも覚えよう

- 中学校や高等学校などでは、教室を教科教室型とするところがある。その場合には、学校生活の拠点となるホームベースを、移動の際に立ち寄りやすい場所に設ける。

◆赤シート
付属の赤シートを使えば、穴埋め問題としても活用できる！

◆ここが重要！
試験で注意すべき点を、端的にアドバイス！

◆これも覚えよう
プラス知識で万全な準備ができる！

＊本書は、原則として 2023 年 12 月 1 日現在施行の法令に基づいて編集しています。本書編集日以降、2024 年試験の法令基準日〈予定〉である 2024 年 1 月 1 日までに施行された法改正情報については、下記のアドレスで確認することができます。
http://www.s-henshu.info/2kcsk2312/

CONTENTS

第1部
ゴロ合わせ編

第1章　建築計画

第2章　建築法規

第3章　建築構造

第4章　建築施工

第2部
頻出項目攻略編

第1章　建築計画

第2章　建築法規

第3章　建築構造

第4章　建築施工

２級建築士試験ガイダンス

　試験に関する情報は変更されることがありますので、受験する場合は試験実施団体の発表する最新情報を、必ずご自身でご確認ください。

■試験日程（例年）

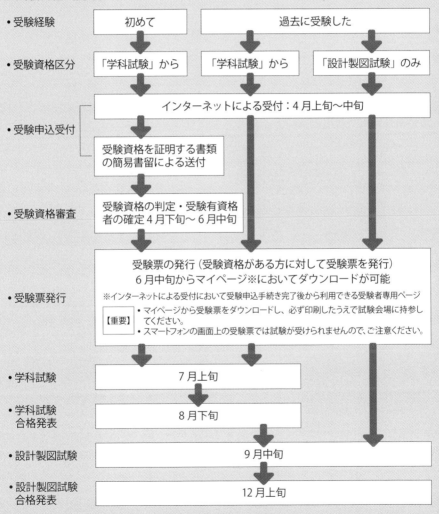

- 受験経験　｜ 初めて ｜ 過去に受験した
- 受験資格区分　｜「学科試験」から｜「学科試験」から｜「設計製図試験」のみ
- 受験申込受付　｜ インターネットによる受付：４月上旬〜中旬 ｜ 受験資格を証明する書類の簡易書留による送付
- 受験資格審査　｜ 受験資格の判定・受験有資格者の確定４月下旬〜６月中旬
- 受験票発行　｜ 受験票の発行（受験資格がある方に対して受験票を発行）　６月中旬からマイページ※においてダウンロードが可能
  ※インターネットによる受付において受験申込手続き完了後から利用できる受験者専用ページ
  【重要】
  ・マイページから受験票をダウンロードし、必ず印刷したうえで試験会場に持参してください。
  ・スマートフォンの画面上の受験票では試験が受けられませんので、ご注意ください。
- 学科試験　｜ ７月上旬
- 学科試験合格発表　｜ ８月下旬
- 設計製図試験　｜ ９月中旬
- 設計製図試験合格発表　｜ 12月上旬

■出題科目・出題数等

試験の区分	出題形式	出題科目	出題数	試験時間
学科の試験	五肢択一式	学科 I（建築計画）	25 問	計 3 時間
		学科 II（建築法規）	25 問	
		学科 III（建築構造）	25 問	計 3 時間
		学科 IV（建築施工）	25 問	
設計製図の試験	あらかじめ公表される課題の建築物についての設計図書の作成	設計製図	1 課題	5 時間

※設計製図試験の課題は、例年 6 月に公益財団法人建築技術教育普及センターのホームページで公表されます。

■合格基準点（令和 5 年）

学科 I（建築計画）	学科 II（建築法規）	学科 III（建築構造）	学科IV（建築施工）	総得点
13 点	13 点	13 点	13 点	60 点

※各科目及び総得点の基準点すべてに達している者が合格となります。

■受験申込・受験資格等

- 受験申込は、原則として、「インターネットによる受付」のみとなります。
- インターネットによる受験申込が行えない正当な理由がある場合（身体に障がいがありインターネットの利用が困難である等）には、別途受付方法が案内されますので、公益財団法人建築技術教育普及センター本部までお問合せください。
- 受験申込に必要な書類や受験資格等は、公益財団法人建築技術教育普及センターのホームページに掲載される「受験要領」でご確認ください。

公益財団法人　建築技術教育普及センター

〒 102-0094
東京都千代田区紀尾井町 3 － 6　紀尾井町パークビル
電話：050-3033-3822（2 級・木造建築士試験専用ダイヤル）
https://www.jaeic.or.jp/

これだけ覚える！
2級建築士　スピード攻略
'24年版

第❶部
ゴロ合わせ編

Lesson
01 建築物と設計者

住宅作品と設計者

ペリッとはがして
（ヘリット・リートフェルト）
シュレッダーに
（シュレーダー邸）
ロビーは
（ロビー邸）
ライトで
（フランク・ロイド・ライト）
デラックスそうに
　（落水荘）

シュレーダー邸はヘリット・リートフェルトの作品、ロビー邸
と落水荘はフランク・ロイド・ライトの作品である。

■住宅作品とその設計者

設計者	作品
フランク・ロイド・ライト（1867-1959）	・ロビー邸（アメリカ） ・落水荘（アメリカ）
ルートヴィヒ・ミース・ファン・デル・ローエ（1886-1969）	・ファンズワース邸（アメリカ）
ル・コルビュジエ（1887-1965）	・サヴォア邸（フランス）
ヘリット・リートフェルト（1888-1964）	・シュレーダー邸（オランダ）
ルイス・カーン（1901-1974）	・フィッシャー邸（アメリカ）
ロバート・ヴェンチューリ（1925-2018）	・母の家（アメリカ）

■日本の建築物とその設計者

建築物	設計者
ニコライ堂（1891 年）	ジョサイア・コンドル
日本銀行本店（1896 年）	辰野金吾
旧赤坂離宮（迎賓館）（1909 年）	片山東熊
旧帝国ホテル（1922 年）	フランク・ロイド・ライト
旧東京中央郵便局（1931 年）	吉田鉄郎
神奈川県立近代美術館（1951 年）	坂倉準三
広島平和記念資料館（1952 年）	丹下健三
国立西洋美術館本館（1959 年）	ル・コルビュジエ
東京文化会館（1961 年）	前川國男

■日本の住宅作品とその設計者

作　品	設計者
聴竹居（1927 年、京都府）	藤井厚二
立体最小限住居（1950 年、東京都）	池辺　陽
スカイハウス（1958 年、東京都）	菊竹清訓
軽井沢の山荘（1963 年、長野県）	吉村順三
塔の家（1966 年、東京都）	東　孝光
ブルーボックスハウス（1971 年、東京都）	宮脇　檀
小篠邸（1981 年、兵庫県）	安藤忠雄

 ここが重要！

- シュレーダー邸の設計者を、ルイス・カーンとするひっかけ問題に気をつけよう。
- 同じ「じゅんぞう」でも、吉村は軽井沢、坂倉は神奈川だ。

これも覚えよう

- 村野藤吾が設計した世界平和記念聖堂は、丹下健三の広島平和記念資料館とともに、戦後建築としては初めての重要文化財に指定された。

Lesson 02 歴史的建築物

妻入り・平入り

いつも 妻には
（出雲大社）（妻入り）

神妙に 平謝り
（神明造り）（平入り）

出雲大社は妻入りの大社造り、
伊勢神宮は平入りの神明造りである。

■神社の建築様式

流造り	柱の下に土台をもつ	平入り	賀茂別雷神社本殿（京都府）
春日造り		妻入り	春日大社本殿（奈良県）
神明造り	心の御柱をもつ	平入り	伊勢神宮内宮正殿（三重県）
大社造り		妻入り	出雲大社本殿（島根県）
住吉造り	内部が2室よりなる	妻入り	住吉大社本殿（大阪府）
八幡造り		平入り	宇佐神宮上宮本殿（大分県）

■日本の歴史的建築物

時代	建築物	特　徴
飛鳥	法隆寺金堂（奈良県）	・重層の入母屋造りの屋根をもち、雲形組物を有する。
奈良	薬師寺東塔（奈良県）	・本瓦葺きの三重塔であり、各重に裳階が付いている。**注意** 五重塔ではない！
平安	厳島神社社殿（広島県）	・檜皮葺きの殿堂を回廊で結び、海面に浮かんで見えるように配置されている。

平安	中尊寺金色堂（岩手県）	・外観が総漆塗りの金箔押しで仕上げられた方三間の仏堂である。
鎌倉	東大寺南大門（奈良県）	・大仏様（天竺様）の建築様式であり、鎌倉時代に再建された。
室町	円覚寺舎利殿（神奈川県）	・部材が細く、組物が精密に細工されていて、屋根の反りが強い等の禅宗様（唐様）の特徴をもつ。
	鹿苑寺金閣（京都府）	・宝形造りの舎利殿で、最上層を禅宗様仏堂風の形式とし、二層を和様仏堂風、一層を住宅風としたもの。
江戸	清水寺（京都府）	・急な崖に建つ本堂前面の舞台を、長い束柱で支える懸造り。
	日光東照宮（栃木県）	・本殿と拝殿とを石の間で繋ぐ権現造りの霊廟。
	桂離宮（京都府）	・古書院、中書院、新御殿等から構成され、書院造りに茶室建築の特徴を取り入れた数寄屋造り。

■西洋の歴史的建築物

パルテノン神殿（アテネ）	・ドリス式のオーダーによる周柱式と細部にイオニア式の要素を用いたギリシア建築。
パンテオン（ローマ）	・れんが及びコンクリートによって造られた大ドームを特徴とするローマ建築。
コロッセウム（ローマ）	・ローマ市内に残る古代最大の円形闘技場で、ドリス式、イオニア式及びコリント式のオーダーを用いたローマ建築。
ハギア・ソフィア大聖堂（イスタンブール）	・ペンデンティヴドームを用いた大空間を特徴とするビザンチン建築。
ピサ大聖堂（ピサ）	・ラテン十字形のプランをもち、交差部に楕円形のドームを架けたロマネスク建築。
ノートルダム大聖堂（パリ）	・側廊の控壁をつなぐフライングバットレスや双塔形式の正面を特徴とする初期ゴシック建築。
ミラノ大聖堂（ミラノ）	・多数の小尖塔のある外観を特徴とする後期ゴシック建築。 注意 ロマネスク建築ではない！
フィレンツェ大聖堂（フィレンツェ）	・頂部へと尖った二重殻の大ドームを特徴とするルネサンス建築。
サン・ピエトロ大聖堂（バチカン）	・巨大なドームや列柱廊を用いたバロック建築。

❶章
02
歴史的建築物

Lesson
03

用語と単位・建築環境工学

照度と光度の単位

ルックスが焦土化
（ルクス・照度）

コード噛んでら
（光度・カンデラ）

照度の単位は lx（ルクス）、光度の
単位は cd（カンデラ）である。

■用語と単位の組合せ

用　語	単　位	説　明
水蒸気圧	kPa	・全大気圧中で水蒸気が占める圧力。
絶対湿度	g／kg（DA）	・乾燥空気 1 kg 中に含まれる水蒸気の重量。
比熱	kJ／(kg・K)	・単位質量の物質を一定圧力の下で 1 K 上昇させるための熱量。
動粘性係数	m^2／s	・ある物体が周辺に拡散する速度。
熱伝導率	W／(m・K)	・全物体内の 2 点間を単位面積・単位時間・単位温度差当たりに流れる熱量の割合。
熱伝達率	W／(m^2・K)	・固体表面と周囲の流体との間で、単位面積・単位時間・単位温度差当たりに移動する熱量の割合。

日射量	W／m²	• 単位面積が単位時間当たりに受ける、太陽の放射エネルギー量。
着衣量	clo	• 衣服の断熱性を表す単位。
光度	cd	• 光源の明るさを表す。光源から単位立体角当たりに発せられる光束の密度。
照度	lx lm／m²	• ある面が受ける光の程度を表す。単位面積に入射する光束の密度。
音の強さ	W／m²	• 音のエネルギー量。
騒音レベル	dB（A）	• 人の聴覚の特性を考慮した音量。
音の周波数	Hz	• 音波の周期的増減が1秒間に行われる回数。

■建築環境工学における用語等

熱移動の基本的な3つのプロセス … 伝導・対流・放射

単層壁の熱貫流率に影響する3要素

　　… 壁体表面の熱伝達率・壁体材料の熱伝導率・壁体の厚さ

温熱感覚に影響を及ぼす物理的4要素 … 温度・湿度・気流・放射

明視の4条件 … 明るさ・対比・大きさ・動き（時間）

光の3原色 … 赤・緑・青

音における聴感上の3要素 … 音の大きさ・音の高さ・音色

■さまざまな指標

BOD（生物化学的酸素要求量）	• 水質汚染を評価する指標の1つ。
PMV（予測平均温冷感申告）	• 温度・湿度・気流・放射の温熱4要素に加え、着衣量と作業量を考慮した温熱環境指標。
NC値	• 室内騒音を評価する指標の1つ。
クロ（clo）値	• 衣服の断熱性を表す指標であり、人の温冷感に影響する要素の1つ。
LCCO₂	• ライフサイクルを通しての二酸化炭素の総排出量を示したもの。

Lesson ⓸ 室内の空気環境

露点温度

露天風呂
（露点温度）

果汁 100 ％ソーダで
（100％　相対湿度）

汗をかく
（結露）

露点温度とは、相対湿度が
100%になり、結露を生じる
温度をいう。

■空気線図

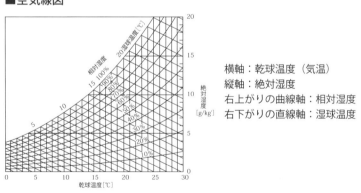

横軸：乾球温度（気温）
縦軸：絶対湿度
右上がりの曲線軸：相対湿度
右下がりの直線軸：湿球温度

絶対湿度が同じであるとき
・空気を加熱すると、相対湿度は低くなる。
・空気を冷却すると、相対湿度は高くなる。

- 空気を加熱・冷却しても、露点温度は変化しない。
- 空気を加熱・冷却しても、水蒸気圧は変化しない。

乾球温度が同じであるとき

- 相対湿度が高くなると、絶対湿度も高くなる。
- 湿球温度と乾球温度との差が小さいほど相対湿度は高くなる。

その他の性質

- 乾球温度が低いほど、飽和水蒸気圧は低くなる。
- 湿球温度は、乾球温度より高くなることはない。

空気線図の読み方

A点の空気の諸元
乾球温度：19 ℃
相対湿度：60 %
絶対湿度（1 kg に含まれる水蒸気量）：8 g
湿球温度：14 ℃

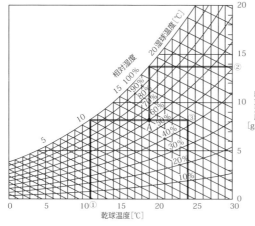

① A点の空気の露点温度は、11 ℃である。

② A点の空気の飽和水蒸気量は、約 13.7 g である。

③ A点の空気を 24 ℃まで加熱すると、相対湿度は約 44 % になる。

これも覚えよう

- ホルムアルデヒド放散量による等級区分の表示記号では、☆の数が多いほうが放散量は小さい。
- PMV（予測平均温冷感申告）において、その値が 0 のときは、暑くも寒くもない熱的状態と予測される。

Lesson
05

換 気

自然換気方式

温度差が大きいほど
（温度差が大きい）

歓喜もひとしお
（換気量が多い）

室内外の空気の温度差による自然
換気では、温度差が<u>大きく</u>なるほ
ど換気量は<u>多く</u>なる。

■換気回数と換気量

$$必要換気回数 = \frac{室の1時間当たりの換気量}{室容積}$$

必要換気量

- 居室の必要換気量は、一般に、居室内の二酸化炭素濃度の許容値を基準にし
て算出する。
- 居室における必要換気量は、一般に、成人1人当たり 30 m³/h 程度とされて
いる。

室内の汚染質濃度を基準として計算した必要換気量

$$= \frac{室内の汚染質発生量}{室内許容濃度 - 新鮮外気の汚染質濃度}$$

- 汚染質が発生している室における必要換気量は、その室の容積の大小によっ
て変化しない。

居室空気中の許容濃度
　二酸化炭素：0.1 %（1,000 ppm）
　一酸化炭素：0.0006 %（6 ppm）

■換気方式

室における全般換気

- 一般に、室全体に対して換気を行い、その室における汚染質の濃度を薄めることをいう。

自然換気（温度差換気）

- 外気温度が室内温度よりも高い場合、中性帯よりも上方から外気が流入する。　**注意** 下方ではない！
- 温度差による自然換気の効果を高めるためには、給気口と排気口の高低差を大きくする。　**注意** 小さくするのではない！
- 2階建て住宅において、屋内の温度よりも外気温が低い場合、下階には外気が入ってくる力が生じ、上階には屋内の空気が出ていく力が生じる。

機械換気方式

機械換気方法の種類	方式	適用など
第1種換気方式	給気ファン → 室内 圧力制御可能 → 排気ファン	室内の圧力制御も容易にできる。一般の室のほか、劇場や機械室などの換気に適用される。
第2種換気方式	給気ファン → 室内正圧 →	室内が正圧となるので、汚染空気の流入を防ぎ、手術室、ボイラー室、発電機室等の換気に適用される。
第3種換気方式	→ 室内負圧 → 排気ファン	室内が負圧になるので、臭気などの汚染質の流出を防ぎ、厨房、湯沸室、便所などの換気に適用される。

ここが重要！

- 室容積の大小によって、必要換気回数は変化するが、必要換気量は変化しない。

Lesson
06

伝 熱

白色ペイント塗り壁の反射率

白い壁でスカッシュ
（白色ペイント塗り壁）

短パンは　すごくはね返し
（短波長放射）　（反射率が高い）

長パンは　はね返さない
（長波長放射）　（反射率が低い）

白色ペイント塗りの壁の場合、可視光線
などの短波長放射の反射率は高いが、赤
外線などの長波長放射の反射率は低い。

■伝熱現象

- 伝熱現象には、伝導、対流及び放射の3つがある。
- 熱放射は、真空中においても、ある物体から他の物体へ直接伝達される熱移動現象である。
- 物体から出る熱放射の強さは、周囲の物質には関係なく、物体の温度と表面の状態によって決まる。

■建築材料の熱伝導率

建築材料の熱伝導率の大小関係

　金属 ＞ 普通コンクリート ＞ 木材

- 木材の熱伝導率は、一般に、グラスウールの3～4倍である。
- グラスウールの熱伝導率は、繊維の太さが同じ場合、密度が大きいもののほうが小さい。
- 断熱材の熱伝導率は、一般に、水分を含むと大きくなる。

■壁面の伝熱

- 壁の屋外側表面の熱伝達抵抗は、一般に、室内側表面に比べて小さい。
- 壁表面の熱伝達率は、壁面に当たる風速が大きいほど大きくなる。
- 単一材料の壁を伝わる熱量は、壁の両面の温度差、時間及び伝熱面積に比例し、壁の厚さに反比例する。
- 白色ペイント塗りの壁の場合、短波長放射（可視光線など）の反射率は高いが、長波長放射（赤外線など）の反射率は低い。
- アルミはくは、放射率が小さいので、壁の表面に張ることにより放射による伝熱量を少なくすることができる。

■窓の伝熱

- 一般的な透明板ガラスの分光透過率は、短波長域より、長波長域のほうが小さい。
- 低放射ガラスを用いた複層ガラスの熱貫流率は、普通ガラスを用いた複層ガラスに比べて小さい。
- 冬期の暖房室窓付近に生じるコールドドラフトは、室内空気が窓のガラス面で冷やされることにより、床面に向けて降下する現象である。

■断熱性と気密性

- 外壁の断熱性を高めると、窓からの日射による室温の上昇は大きくなる。
- 気密性を高めると、熱損失係数の値は小さくなる。
- 冬期に、繊維系断熱材を用いた外壁の断熱層内に通気が生じると、外壁の断熱性が低下するおそれがある。

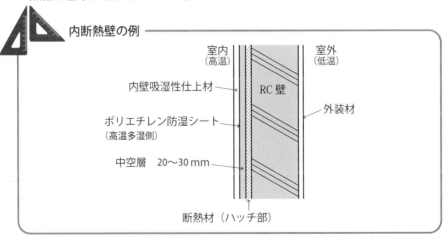

内断熱壁の例

室内（高温）　　室外（低温）

内壁吸湿性仕上材　　RC壁

外装材

ポリエチレン防湿シート（高温多湿側）

中空層　20〜30 mm

断熱材（ハッチ部）

Lesson
07

結　露

防湿層

ぼーっとして
（防湿層）

顔に汗かいてるけど
（表面結露は防げない）

服の中は乾いてるみたい
（内部結露には効果がある）

ボ

じ

防湿層を設けても、表面結露を防ぐ
ことはできないが、内部結露の防止
には効果がある。

■冬期の結露

- 外気に面した窓にカーテンをつるすと、ガラスの室内側表面に結露が発生し やすくなる。
- 断熱性を高めた住宅でも、暖房室と非暖房室とがある場合、非暖房室では結 露が発生しやすい。
- 開放型石油ストーブを用いて暖房すると、水蒸気が発生し、結露が生じやす くなる。
- 外壁の室内側に生じる表面結露は、防湿層を設けても防ぐことができない。
- 外壁を内断熱とする場合、断熱材を厚くしても内部結露防止には効果がない。

■結露防止策

- 室内の表面温度を上昇させる。
- ガラスを断熱性能の高いものにする。
- 断熱材を、熱伝導率の小さいものにする。

- 換気を行う。
- 雨戸を閉める。
- 室内の壁付近に、気流を妨げる物を置かないようにする。
- 窓の下に放熱器を設置する。

二重窓の場合
- 外側窓ガラスの室内側表面結露を防止するためには、外側サッシより内側サッシの気密性を高くする。

外壁に断熱材を充填した場合
- 内部結露の防止のために、断熱層の室内側に防湿層を設けると共に、室内の空気が壁体内に入らないように気密性を高める。

鉄筋コンクリート造の建築物の場合
- 外断熱工法を採用すると、ヒートブリッジができにくく、結露を防止する。

■用語

表面結露	• 冬期暖房時に、室内の水蒸気により、外壁などの室内側表面で生じる結露。
内部結露	• 冬期暖房時に、室内側から入った水蒸気により、壁などの内部で生じる結露。
内断熱	• 柱や筋交いの間に断熱材を施工する工法。気密性が低く、結露が生じやすい。
外断熱	• 建物の外側を断熱材で覆う工法。気密性が高く、結露が生じにくい。
ヒートブリッジ	• 柱や梁などの断熱材が入っていない部分が、熱を伝える現象。熱橋。

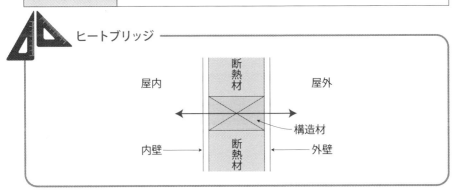

ヒートブリッジ

Lesson **08**

日照・日射

南中高度

容疑者の包囲ゼロ！？
（太陽方位角 $\theta = 0°$）

なんちゅうことだ！
（南中高度）

太陽方位角 $\theta = 0°$（真南）にきたときの太陽高度のことを南中高度という。

■用語

日照率	• 可照時間に対する日照時間の割合。
直達日射量	• 大気を通過し、直接地表面に達する日射量。
天空日射量	• 大気中の気体分子、塵埃、水蒸気などの微粒子によって拡散される日射量。 • 一般に、大気透過率が高くなるほど減少する。
全天日射量	• 直達日射量と天空日射量の和。
全天空照度	• 天空光（天空日射）の水平面照度。
昼光率	• 全天空照度に対する、室内におけるある点の昼光による照度の割合。 • 全天空照度が変化しても、室内におけるある点の昼光率は変化しない。
日射遮蔽係数	• ガラスの遮蔽性能を評価するための係数。 • 日射遮蔽係数の大きい窓ほど、日射の遮蔽効果が小さい。

■季節と日照・日射

夏至の日の直達日射量…南向き鉛直面 ＜ 東・西向き鉛直面 ＜ 水平面

冬至の日の直達日射量…南向き鉛直面 ＞ 水平面

夏至の日の終日日射量…南向き鉛直面 ＜ 水平面

南向き鉛直面の日照時間…春分の日・秋分の日が最長

北向き鉛直面…春分の日から秋分の日まで直達日射を受ける。

夏期の日射の遮蔽効果…南面開口部の水平庇 ＞ 西面開口部の水平庇

夏期の居室の冷房負荷…南面に開口部を設ける ＜ 西面に開口部を設ける

■南中時の太陽高度（北緯 35 度地点）

夏至の日…約 80 度

春分の日・秋分の日…約 55 度

• 経度・緯度の異なる地点であっても、冬至の日と夏至の日における南中時の
太陽高度の差は等しく、約 47 度である。

 ここが重要！

• 天空日射は、大気中の微粒子により拡散されたものであるため、大気透
過率が高い（空気が澄んでいる）ほど、天空日射量は減少する。
• 日射遮蔽係数とは、厚さ 3mm の透明ガラスの日射熱量取得率を 1 として、
各種ガラスの日射熱量取得率の割合を示したものなので、その値が小さ
いほど遮蔽効果は大きくなる。
• 秋分の日から春分の日までの半年間、太陽は真東より南で昇り、真西よ
り南で沈むため、北向き鉛直面には直達日射が当たらない。

これも覚えよう

• 北緯 35 度の地点においては、8 月の中下旬に、南向き鉛直面の快晴日
の積算日射量と西向き鉛直面の快晴日の積算日射量は、ほぼ同等とな
る。
• 経度が異なっても、緯度が同一であれば、同じ日の南中時の太陽高度
は等しい。
• 昼光率は、室内の壁及び天井、周囲の建築物、樹木等の影響を受ける。

Lesson
09

屋外気候

ヒートアイランド現象

ヒートはいらんぞ
（ヒートアイランド現象）

兄さん直接関係ない
（二酸化炭素濃度）

大気中二酸化炭素濃度の上昇は、
ヒートアイランド現象の直接的
な原因とはならない。

■ 1日の気候変動

快晴日の屋外

絶対湿度…一般に、1日の中ではあまり変化しない。

相対湿度…気温の高い日中は低く、気温の低い夜間は高くなる。

快晴日の夜間

• 建築物の表面温度は、鉛直面より水平面のほうが低くなりやすい。

冬期の夜間

• 建築物水平面の外気側表面温度は、外気温が同じであれば、曇天日より快晴
　日のほうが低くなりやすい。

快晴日における海岸地方の風

• 日中は海から陸へ、夜間は陸から海へ吹く傾向がある。

■季節の気候変動

夏日…日最高気温が 25 ℃以上　真夏日…日最高気温が 30 ℃以上
冬日…日最低気温が 0 ℃未満　　真冬日…日最高気温が 0 ℃未満

気温の年較差

- 一般に、沿岸部より内陸部のほうが大きい。

月平均外気温…7 月・8 月に最高

快晴日の日射量…夏至の頃（6 月末）に最大

地中温度

- 深さ 10 〜 100 m の地中温度は、一般に、その地域の年平均気温よりわずかに高く、年間を通じて安定している。

■用語

暖房デグリーデー 冷房デグリーデー	• 寒暖の指標。その値が大きいほど冷暖房に必要な熱量が大きくなる。
温室効果ガス	• 二酸化炭素、フロン、メタン、水蒸気などがあり、水蒸気以外のガスの人為的要因による増加が問題となっている。
カーボンニュートラル	• 二酸化炭素をはじめとする温室効果ガスの「排出量」から、植林、森林管理等による「吸収量」を差し引いて、合計を実質的にゼロにすること。
ヒートアイランド現象	• 都市における大量の熱の放出や、緑地や水面の減少により、都心の気温が郊外の気温よりも高くなる現象。 • 大気中二酸化炭素濃度の上昇は、ヒートアイランド現象の直接的な原因とはならない。
CASBEE（建築環境総合性能評価システム）	• 建築物の環境性能を建築物における環境品質（Q）と環境負荷（L）で評価するもの。
LCCO$_2$（ライフサイクル CO$_2$）	• 資材生産から施工・運用・解体除却までの全過程の CO$_2$ 排出量を推定して算出する。
SDGs（持続可能な開発目標）	• 2030 年を達成年限とする国際目標であり、「水・衛生」、「エネルギー」、「まちづくり」、「気候変動」等の項目が含まれる。
ZEH（ネット・ゼロ・エネルギー・ハウス）	• 断熱性能等の向上や高効率設備、再生可能エネルギーの導入により、年間の一次エネルギー消費量がゼロまたはマイナスとなることを目指した住宅。

Lesson
⑩
採光と照明・色彩

無彩色

あいつ　いつも

色味のない服ばかりで
(色味のない)

冥土なみに　むさいよ
(明度)　　　　　(無彩色)

無彩色とは、色味のない、明度だけ
をもつ色である。

■照度

居間での団らん	150 〜 300 lx 程度
寝室での読書	300 〜 750 lx 程度
事務室での細かい視作業を伴う事務作業の作業面	1,000 lx 程度

冬期に北向き側窓によって得られる室内の照度
- 一般に、晴天時より薄曇りの時のほうが高い。

タスク・アンビエント照明
- アンビエント照度（全般照明照度）をタスク照度（局部照明照度）の 1/10
  以上確保する。

室内照度の均斉度
- ある作業面上において、最低照度が同じであれば、最高照度が高いほど低く
  なる。 <注意> 高くなるのではない！

■昼光率・演色性

1つの側窓を有する室内のある点における昼光率

• 一般に、窓からの距離が遠くなるほど低くなる。

人工光源の演色性

• 演色評価数の数値が大きくなるほど、色の見え方が自然光に近くなる。

■色と光に関する用語

光の色の3原色	• 赤・緑・青
物体表面の色の3原色	• シアン・マゼンタ・イエロー
明度	• 面の色の明るさを示す指標であり、反射率の高低に応じて変化する。
彩度	• 無彩色を0とし、色が鮮やかになるほど段階的に数値が大きくなる。
無彩色	• 明度のみを有する色。
純色	• 最も彩度の高い色。
補色	• 混色によって無彩色を作ることができる2色。
輝度	• 光源をある方向から見たときの明るさを示す測光量。
照度	• 光が入射する面における入射光による明るさを示す測光量。
光の色温度	• その光色の色度に近似する色度の光を放つ黒体の絶対温度。 • 色温度が高いほど白く青みを帯び、色温度が低いほど黄色から赤みを帯びる。
演色性	• 物体色の見え方についての光源の性質。
グレア	• 視野内の高輝度の部分や極端な輝度対比などによって、対象の見やすさが損なわれる現象。まぶしさ。
反射グレア	• 視対象そのものや、視対象の前のガラスなどに、輝度の高い部分が正反射して生じるグレア。

■これも覚えよう

• 明るさや暗さに目が慣れることを、明順応・暗順応といい、暗順応のほうが時間がかかる。

Lesson
⑪

音

吸音効果

たこは　高温で
（多孔質材料・高音域）
空気のサンドは
（間に空気層を設けた吸音構造）
低温で
（低音域）

多孔質材料の吸音率は、高音域の音の
ほうが大きく、板状材料と剛壁の間に
空気層を設けた吸音構造は、低音域の
吸音に効果がある。

■音の一般的性質

• 人間の知覚可能な音の周波数範囲は、一般に、20 〜 20,000 Hz である。

• 音の速さは、気温が高くなるほど速くなる。

■音の聞こえ方

同じ音圧レベルの音

• 3,000 〜 4,000 Hz 程度の音が最も大きく聞こえる。

同じ音圧レベルの場合

• 一般に、周波数の高い純音より、低い純音のほうが小さく聞こえる。

人の可聴周波数の上限

• 一般に、年齢が上がるにつれて低下し、高齢者は周波数の高い音が聴き取り
にくくなる。

■距離と音圧レベル

点音源の場合

- 音源からの距離が 2 倍になると、約 6 dB 低下する。
- 音源からの距離が 1 / 2 になると、約 6 dB 上昇する。
  3 dB ではない！

■音響出力と音圧レベル

- 音響出力が 2 倍になると、約 3 dB 上昇する。
- 音響出力が 1 / 2 になると、約 3 dB 低下する。

■残響時間

- 音源から発生した音が停止してから、室内の平均音圧レベルが 60 dB 低下するまでの時間をいう。
- 残響時間は、室容積に比例し、室内の総吸音力に反比例する。
- 残響時間の計算には、一般に、室温は考慮しない。

■室内騒音レベルの許容値

- NC 値で示す場合、その数値が小さくなるほど許容される室内騒音レベルは低くなる。
  音楽ホール ＜ 住宅の寝室 ＜ 図書館の閲覧室

■壁の透過損失

- 壁体における遮音性能は、音響透過損失の値が大きいほど優れている。
- 同じ壁面であっても、入射する音の周波数によって透過損失は変化する。
- 同じ厚さの一重壁の場合、一般に、壁の単位面積当たりの質量が大きいものほど、透過損失が大きい。

■吸音

板状材料と剛壁の間に空気層を設けた吸音構造

- 一般に、高音域より低音域の吸音に効果がある。

多孔質材料の吸音率

- 一般に、低音域より高音域の音のほうが大きい。

Lesson

⑫

住宅の計画

江戸間・京間

お江戸が　中心
（江戸間）　　（柱心間隔）

京は　うちの理想どす
（京間）　（内法寸法）

江戸間は柱心の間隔を基準寸法の整数倍とし、京間は柱と柱の<u>内法</u>寸法を基準寸法の整数倍とする。

■各部の計画

ダイニング
- 食器棚（幅 1,800 mm、奥行 450 mm）＋ 6 人掛け食卓：内法面積 13 m² 程度
- 食器棚（幅 1,200 mm、奥行 450 mm）＋ 4 人掛け食卓：内法面積 11 m² 程度

夫婦寝室
- ツインベッド＋収納家具：内法面積 15 m² 以上
- ダブルベッド＋収納家具：内法面積 13 m² 以上

収納スペースの床面積の合計
- 延べ面積の 20 ％程度

屋内階段における手摺の高さ
- 踏面の先端の位置から 750 ～ 850 mm

和室

- 江戸間（田舎間）／柱心の間隔を基準寸法の整数倍とする。
- 京間／柱と柱の内法寸法を基準寸法の整数倍とする。

玄関

- インタホンの取付け高さ／玄関ポーチの床面から 1,400 mm 程度

バルコニー

- 手摺の高さ／床面から 1,100 mm 以上

■高齢者や車椅子使用者に配慮した計画

階段

- 勾配／ 6/7 以下、踏面／ 195 mm 以上
- 手摺の直径／ 30 ～ 40 mm、手摺の高さ／段鼻から 750 ～ 850 mm
- 足元灯の高さ／昇り口の 1 段目の踏面から器具の下面まで 200 ～ 300 mm

台所

- キッチンカウンターの下部に設けるクリアランス／
  高さ 600 mm、奥行 450 mm
- L 字型キッチンタイプとする。

洗面所

- 洗面器の上端の高さ／床面から 750 mm 程度

便所

- 洋式便所の広さ／内法寸法で幅 1,400 mm 程度、奥行 1,800 mm 程度

出入口

- 居室出入口前後のスペース／内法寸法で 1,400 × 1,400 mm 程度

浴室

- 脱衣室との段差の解消と水仕舞を考慮して、排水溝にグレーチングを設ける。
- 浴槽の縁の高さ／洗い場の床面から 300 ～ 450 mm
- 浴槽の深さ／ 500 mm 以内

玄関

- くつずりと玄関外側の高低差／ 20 mm 以内

これも覚えよう

- コア型住宅は、給排水衛生設備などを 1 箇所にまとめた形式である。
- パッシブデザインは、自然の熱・風・光を活用して暖房・冷却・照明
  効果等を得る設計手法である。

Lesson ⑬ 集合住宅の計画

コレクティブハウス・コーポラティブハウス

食堂で
（食堂共用）

一緒にこれ食っていい？
（コレクティブハウス）

一緒にうんて言えば
（共同運営）

凍ったラテもつけるって
（コーポラティブハウス）

コレクティブハウスは、厨房や食堂等を共用する方式であり、コーポラティブハウスは共同で運営する方式である。

■集合住宅の形式

階段室型・集中型	• 階段やエレベーターから各住戸への動線を短くでき、各住戸のプライバシーが確保しやすい。
スキップフロア型	• 2～3階ごとに共用廊下を設け、共用廊下のない階の住戸については、共用廊下から階段で上下し、住戸に入る形式。 • 集中型に比べて、エレベーターから各住戸への動線が長くなる。
片廊下型	• 階段室型に比べて、エレベーター1台当たりの住戸数を多くすることができる。 • 各住戸の居住性は均質になるが、共用廊下側に居室を設けた場合、その居室のプライバシーを確保しにくい。 • 共用廊下の面積が大きくなりやすい。
中廊下型	• 住棟を南北軸に配置することが多い。

ツインコリドール型	・住棟を南北軸に配置することが多い。 ・中廊下型に比べて、通風や換気がしやすい。 ・共用廊下の面積が大きくなりやすい。
ボイド型	・階段・エレベーター等をコアとして設け、コアとつながった共用廊下の中央に吹抜けを配置した形式。
メゾネット型	・各住戸が2層以上で構成された住戸形式で、専用面積の小さな住戸には適さない。 ・フラット型に比べて、プライバシーを確保しやすく、居住性を高めやすい。
リビングアクセス型	・各住戸の表情を積極的に表に出すことを意図して、共用廊下側に居間や食事室を配置する形式。
コモンアクセス	・共用庭に接したアクセス路を通って各住戸に入る形式で、居住者同士の交流を促しやすい。

■各種集合住宅

タウンハウス	・一戸建住宅のような独立性と、集合住宅のような屋外環境の良さを併せもつ低層の集合住宅の形式。
テラスハウス	・各住戸が区画された専用の庭をもつ連続住宅で、戸境壁を共有しながらも、庭があることで独立住宅としての要素を有する。
コレクティブハウス	・各居住者が独立した生活を確保しながら、厨房や食堂などを共用する形式。
コーポラティブハウス	・住宅入居希望者が組合を作り、協力して企画・設計から入居・管理まで運営していく方式の集合住宅。
スケルトンインフィル住宅	・建築物の躯体や共用設備部分と住戸専有部分の内装や設備とを明確に分けて計画することで、住戸の更新性や可変性を高めた集合住宅。

これも覚えよう

・フライングコリドーは、プライバシーに配慮し、片廊下型などの共用廊下を住戸から離して設けたもの。
・コンバージョンは、既存の事務所ビル等を集合住宅等に用途変更・転用する手法。

Lesson
⑭

事務所ビル・商業建築の計画

厨房の床面積

喫茶店のイチゴの煮汁
(15 〜 20%)

レストランで

ふたごが汚す
(25 〜 45%)

喫茶店の厨房の床面積は延べ面積の15 〜 20%程度、レストランの厨房の床面積は延べ面積の25 〜 45%程度とする。

■事務所ビルの計画

コアプラン

オープンコア	• コアを平面の中央部に配置した形式であり、基準階の床面積が大きい事務所ビルに適している。
分離コア	• 基準階から分離してコアを配置し、連絡通路で接続した形式で、自由な執務空間を確保しやすい。
ダブルコア	• 基準階の両端部にコアを配置した形式で、レンタブル比を高めることにはつながらない。

机の配置方式

対向式	• 並行式に比べて、多くの机を配置することができる。
並行式	• 対向式に比べて、業務に集中することが必要な場合や明確な個人のワークスペースが必要な場合に適している。
スタッグ式	• コミュニケーションとプライバシーの双方を必要とする業務に適している。

オフィスランドスケープ式	• パーティション・家具・植物などによって事務室のレイアウトを行い、固定間仕切は使用しない。
フリーアドレス式	• 固定した個人専用の座席を設けず、在籍者が座席を共用し、事務室空間を効率的に利用する方式。事務室の在席率が 60%以下でないとスペースの効率的な活用が難しい。

エレベーター

• 高層事務所ビルにおいては、最も利用者が多い時間帯の 5 分間に利用する人数を考慮して、乗用エレベーターの台数を計画する。

駐車場

• 駐車スペースの梁下の高さが 2.1 m 以上になるように計画する。
• 各柱間に普通乗用車が並列に 3 台駐車できるようにする場合は、柱スパンを内法で 8 m 程度確保する。

■事務所に関する用語

レンタブル比	• 延べ面積に対する収益部分の床面積の合計の割合。
システム天井	• モデュール割りに基づいて、設備機能を配置することができるユニット化された天井。
フリーアクセスフロア	• 二重床にして配線を自由に行うことができるようにしたもの。
モデュラーコーディネーション	• 柱間や間仕切、窓などの位置を基準寸法により決定すること。

■各施設の床面積

ビジネスホテル	客室部門の合計床面積	延べ面積の 60 〜 70%程度
量販店	売場部分の合計床面積	延べ面積の 60 〜 65%程度
レストラン	厨房の床面積	延べ面積の 25 〜 45%程度
喫茶店	厨房の床面積	延べ面積の 15 〜 20%程度

これも覚えよう

• 貸事務所ビルにおけるレンタブル比は、75 〜 85%程度必要である。
• 延べ面積に対する客室部分の合計床面積の割合は、一般に、シティホテルよりビジネスホテルのほうが大きい。

Lesson ⑮ 保育所・教育施設等の計画

床面積の基準

幼児がいくわ
(1.98 m²/人以上)

イチゴをいっぱいもった
(1.5 〜 1.8 m²/人)

小学生のもとへ

保育室（2 歳以上）は 1 人当たり 1.98
m² 以上、小学校の普通教室は 1 人当たり
1.5 〜 1.8 m² の床面積を必要とする。

■床面積の基準

保育室（2 歳以上）	• 1.98 m²／人以上
小学校の普通教室	• 1.5 〜 1.8 m²／人
図書館の閲覧室	• 1.5 〜 3 m²／人

■保育所等の計画

- 保育室は、昼寝の場と食事の場とを分ける。
- 幼児用便所は、保育室の近くに設ける。
- 幼児用便所のブースの仕切りの高さは、1.2 m 程度とする。
- 1 人当たりの床面積は、5 歳児用より 3 歳児用のほうを広くする。

■学校の計画

- 小学校の低学年は総合教室型とし、高学年は特別教室型とする。

❶章

15 保育所・教育施設等の計画

- 多目的スペースを普通教室に隣接して設ける。
- 黒板・掲示板とその周辺の壁との明度対比が大きくなり過ぎないように、色彩調整を行う。
- 図書室の出納システムは開架式とする。
- 環境教育の教材として、自然の生態系を観察できるビオトープを設置する。

■地域図書館の計画

- 新聞や雑誌などを気軽に読む空間として、ブラウジングコーナーを設ける。
  注意 レファレンスルームではない！
- 一般閲覧室と児童閲覧室とは分けて配置し、貸出しカウンターは共用とする。
- 閲覧室の出納システムは、開架式とする。
- 閲覧室の床の仕上げは、歩行音の発生を抑制するため、タイルカーペット等とする。

■図書館に関する用語

レファレンスカウンター	・利用者の調べ物や質問に対応する職員を配置したカウンター。
ブラウジングコーナー	・新聞や雑誌を気軽に読むための場所。
キャレル	・1人用の閲覧席。
ブックモビル	・マイクロバス等に本を積んで図書館サービスをするもの。移動図書館。

ここが重要！

- ブラウジングコーナーをレファレンスルーム（レファレンスコーナー）とするひっかけ問題が頻出だ。気をつけよう！

これも覚えよう

- 中学校や高等学校などでは、教室を教科教室型とするところがある。その場合には、学校生活の拠点となるホームベースを、移動の際に立ち寄りやすい場所に設ける。

Lesson
⑯

文化施設の計画

展示壁面照度

日本の **イチゴはサワワ**
(日本画) (150 〜 300 lx)

洋ナシも **サワワにナレレ**
(洋画) (300 〜 700 lx)

日本画の展示壁面照度は 150 〜 300 lx、
洋画は 300 〜 700 lx が適当である。

■美術館の計画

展示室の合計床面積／延べ面積の 40 ％程度

展示壁面照度／洋画　　300 〜 700 lx
　　　　　　　　日本画　150 〜 300 lx

• 絵画用の人工照明の光源を、自然光に近い白色光とする。
• 小規模な展示室は、来館者の逆戻りや交差が生じないように、一筆書きの動線計画とする。
• 企画展示室の展示壁面は、フレキシビリティをもたせるために可動式とする。
• ミュージアムショップを、エントランスホールに面して配置する。
• 学習体験室や講義室は、利用者がエントランスホールから展示室を通過せずに移動できる計画とする。
• 学芸員の研究部門は、収蔵部門と近接して配置する。

■劇場等の計画
ステージ・ホールの形式

プロセニアムステージ	• 最も一般的な形式で、主舞台からフライロフト上部までの高さは、プロセニアムの開口部の高さの2倍以上必要である。
アダプタブルステージ	• 演目に応じて舞台と観客席との関係を変化させることができる。
オープンステージ	• 舞台と観客席が仕切られていないため、演者と観客の一体感が生まれやすい。
アリーナ型ホール	• 客席がステージを取り囲むように配置されているため、演奏者と聴衆の一体感が得られやすい。
シューボックス型ホール	• 靴箱のように直方体のホールで、音響に優れる。

劇場・映画館の客席部分床面積／ 0.5 〜 0.7 m² ／人
可視限界距離／オペラ劇場　38 m以下
　　　　　　　　小劇場　　　　22 m以下
• 劇場の舞台において、上手とは客席側から見て右側、下手とは左側をいう。

■博物館・郷土資料館の計画
• 学芸員の研究部門は、収蔵部門に近接して配置する。
• 収蔵品の燻蒸室は、荷解室及び収蔵庫に近接して配置する。
• 低湿収蔵庫や高湿収蔵庫を設ける場合は、ならし室を近接させ、収蔵物を仮収納できる計画とする。

■コミュニティセンターの計画
• 図書室や会議室などのゾーンと、体育室や実習室などのゾーンは離して配置する。

これも覚えよう

• 診療所のX線撮影室は、診察室及び処置室に近接させる。
• 病院の手術室の空気調和設備は単独に設け、室内気圧を室外気圧よりも高くする。

41

障がい者・高齢者等に配慮した建築物の計画

キックプレート

キックにそなえろ
（キックプレート）

三四郎
（300 ～ 400 mm）

キックプレートの高さは、床面から 300 ～ 400 mm とする。

■車椅子使用者に配慮した建築物の計画

室内ドアのキックプレートの高さ／床面から 300 ～ 400 mm

壁付きコンセントの取付け高さ／床面から 400 ～ 1,000 mm

電灯の壁付きスイッチの高さ／床面から 1,000 mm 程度

便所ブースの出入口の有効幅／ 800 mm 以上

腰掛け便座の高さ／ 430 mm 程度

腰掛け便座両側の手摺同士の間隔／ 700 ～ 750 mm

ベッドの高さ／ 430 mm 程度

キッチンの流し台上部に固定した食器戸棚の上端までの高さ／
車椅子の座面から 800 mm 程度

収納棚

・床面からの高さ 400 ～ 1,400 mm 程度の範囲に設ける。

居室入口前の廊下

・直径 1,350 mm 以上の転回スペースを設ける。

外開き扉の玄関ポーチ

- 扉の引手方向に、平坦なアルコーブスペースを設ける。

記帳などを行う受付カウンター

- 上端の高さを、床面から 700 mm 程度とする。
- 下部に、高さ 600 mm 程度、奥行き 450 mm 程度のクリアランスを設ける。

屋内傾斜路

- 高低差が 16 cm を超え、勾配が 1/12 を超えるときは、手摺を設ける。
- 高さ 75 cm 以内ごとに踏幅が 150 cm 以上の踊場を設ける。

屋外傾斜路

- 高低差が 75 cm を超える場合には、勾配が 1/15 を超えないこととし、その中間に踏幅 150 cm 以上の踊場を設ける。

エレベーターのかごの内法寸法／間口 140 cm 以上、奥行 135 cm 以上

エレベーター出入口の有効幅員／ 80 cm 以上

エレベーターかご内の車椅子使用者用操作盤の位置

- 床面から操作盤中心までの高さを 100 cm 程度とする。

駐車場

- 乗降スペースの幅を 140 cm 以上とする。
- 建築物の入口までの通路には屋根を設け、幅員を 120 cm 以上とする。

■高齢者に配慮した建築物の計画

- 居室の作業領域の照度は、日本産業規格（JIS）の照明設計基準の 2 倍を目安とする。
- 洗面台や食卓の照度を 600 lx 以上とする。
- 浴槽の縁の高さを床面から 300 ～ 450 mm 程度、浴槽の深さを 550 mm 程度以内とする。
- 階段の勾配を、6/7 以下とする。

■手摺の基準その他

- 屋内階段の手摺の端部は、上下階でそれぞれ水平に 300 mm 程度延ばし、壁面側に曲げる。
- 廊下の手摺は、直径を 30 ～ 40 mm 程度とし、手摺と壁面とのあき寸法を 40 mm 程度とする。
- 廊下の手摺を上下 2 段に設置し、床面からの高さを 800 mm 程度と 600 mm 程度とする。
- 松葉杖の使用者に配慮し、松葉杖使用者の通行幅を 120 cm 以上とする。

Lesson ⑱ 建築物の各部の寸法・床面積等

保育室・ほふく室の床面積

保育に　いくわ
（保育室）　（1.98 m² / 人以上）

ほふく前進でスリスリと
（ほふく室）　（3.3 m² / 人以上）

保育室（2歳以上）の床面積は1.98 m² / 人以上、ほふく室（2歳未満）の床面積は3.3 m² / 人以上とする。

■各施設の寸法・床面積等

病院・診療所	病室の床面積	• 内法寸法で 6.4 m² / 人以上（小児のみの場合はその 2/3 以上）
	ベッド1床当たりの左右に設けるあき寸法	• ベッドの端から 750 mm 程度
保育所	保育室（2歳以上）の床面積	• 1.98 m² / 人以上
	ほふく室（2歳未満）の床面積	• 3.3 m² / 人以上
小学校	普通教室の床面積	• 1.5 〜 1.8 m² / 人
特別養護老人ホーム	入居者専用居室の床面積	• 10.65 m² / 人以上
軽費老人ホーム（ケアハウス）	定員1人の居室の床面積	• 21.6 m² / 人以上
飲食店	立位で食事をするためのカウンターの高さ	• 床から 1,000 mm 程度

事務所	事務室の床面積	• 8 ～ 12 m^2／人
劇場	座席	• 幅 450 ～ 500 mm 程度 • 前後間隔 900 ～ 1,000 mm 程度
乗用エレベーター	積載量	• 65 kg／人

■建築物等の各部の勾配

歩行用傾斜路	• 1/8 を超えない
エスカレーター	• 30 度以下

■駐車場

自動車用の斜路の本勾配	• 17%（≒ 1/6）を超えない
車路の幅員	• 5.5 m 以上
車椅子使用者専用の駐車スペース	• 幅 350 cm 以上、長さ 600 cm 程度
機械式立体駐車場の駐車場総床面積	• 15 m^2／台

■駐輪場

駐輪スペース	• 700 mm × 1,900 mm ／台程度

ここが重要！

• 保育園の保育室とほふく室、特別養護老人ホームの居室の床面積をしっかり押さえよう！

これも覚えよう

• **特別養護老人ホーム**…常時介護の必要があり、自宅において介護を受けられない高齢者のための施設。
• **ケアハウス**…家族による援助を受けることが困難な高齢者が、日常生活上必要なサービスを受けながら自立的な生活をする施設。
• **介護老人保健施設**…病院での入院治療の必要はないが、家庭に復帰するための機能訓練や看護・介護が必要な高齢者のための施設。

Lesson
⑲

まちづくり

シケインとハンプ

しけた **蛇**
（シケイン） （蛇行）
おでこも **半分**
（凸） （ハンプ）

シケインは車道を<u>蛇行</u>させること
によって、ハンプは路面に<u>凸</u>部を
設けることによって、自動車の速
度を低下させる手法である。

■まちづくりに関する用語

シケイン	・住宅地の道路の車道部分を大きく蛇行させることによって、自動車の速度を低下させるための手法。注意 ハンプではない！
スプロール	・都市周辺部において、市街地が無計画、無秩序に拡大していく現象。
トランジットモール	・一般の自動車の進入を排除して、路面電車やバスなどの公共交通機関に限って走行を認めたモールの1形態。
パークアンドライド	・周辺駅の駐車場まで自動車で行き、そこから公共交通機関を利用して、中心市街地へ移動することによって、中心市街地への自動車の流入を減らすための手法。
パタン・ランゲージ	・パタンによる建築や環境の合理的な設計手法で、住民参加のまちづくりや建築を目指したもの。クリストファー・アレグザンダーが提唱した。
ハンプ	・路面に凸状の部分を設けて自動車の速度を低下させる構造。
プレイロット	・団地やマンションの一角に設けられた幼児用の遊び場。

ペデストリアンデッキ	• 歩行者と自動車の動線分離を目的とした高架の歩廊。
ボンエルフ	• ハンプやシケインなどにより、歩行者と自動車の共存を図るための手法。
ラドバーンシステム	• 袋小路などにより、通過交通を排除し、歩行者と自動車との動線を完全に分離させる手法。**注意** パークアイランドではない！
公開空地	• 総合設計制度によって確保される敷地内の広場等であり、歩行者が自由に通行・利用できる。オープンスペースの一種。
再開発	• 既成市街地を対象とする都市の改良事業で、主に建替え等によるまちづくり。

■住宅地の計画

- 近隣グループごとに、公共施設としてプレイロットを計画する。
- 近隣分区ごとに、その中心付近に、幼稚園1園を配置する。
- 近隣住区は、小学校1校を必要とする程度の人口規模を単位としたもの。
- 地区公園は、4つ程度の近隣住区の住民の利用を対象とした公園。
- 近隣住区内の街路は、通過交通を防ぐために、ループ状やクルドサック（袋小路）とすることが多い。
- 近隣住区の住宅地総面積の約10%を、公園や運動場等のレクリエーション用地とする。
- 近隣住区の住宅地周辺部の交差点近くに、商店群を配置する。

これも覚えよう

- 景観法の特色の1つは、住民等による景観計画の策定・提案ができることである。
- 多数の人が廊下を同一方向・同時に避難するときの群集歩行速度は、一般に、1.0～1.3 m / s として計画する。

Lesson
⑳
屋根・窓・扉・建築生産

窓の雨仕舞

内で（屋内側） **はめをはずしても**（はめ殺し）

外では（屋外側）

肩ひじ張らないで（片引き）

一方を片引き、他方をはめ殺しとした外窓は、雨仕舞を考慮して、片引き部分を屋外側、はめ殺し部分を屋内側に設ける。

■屋根の種類

切妻屋根	・大棟から左右に葺きおろした屋根。
入母屋屋根	・上部を切妻とし、下部の屋根を四方に葺きおろした屋根。
寄棟屋根	・大棟から四方に葺きおろした屋根。
方形屋根	・4つの隅棟が1つの頂点に集まった屋根。
陸屋根	・勾配が極めて小さく、平坦な屋根。
腰折れ屋根	・上部が緩勾配、下部が急勾配の屋根。

切妻

入母屋

寄棟

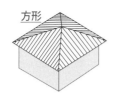方形　　陸屋根　　腰折れ

■窓・扉の計画

一戸建住宅

- 一方を片引き、他方をはめ殺しとした外窓の場合、雨仕舞を考慮して、片引き部分を屋外側、はめ殺し部分を屋内側に設ける。
- 一戸建住宅の車庫においては、防犯と採光のため、グリルシャッターを設ける。

集合住宅

- 共用廊下の通行を妨げないように、各住戸の玄関前にアルコーブを設け、玄関扉を外開きとする。

飲食店

- 客用の出入口を、タッチスイッチ式の自動ドアとする。

物品販売店

- 利用頻度の高い物品搬入口の扉を、両開きとする。

病院

- 手術室には前室を設け、出入口を自動ドアとする。

小学校

- 出入口をガラス張りにするに当たっては、安全性を考慮して強化ガラスを用いる。

■建築生産に関する用語

カーテンウォール	• 建築物の外周に設けられる、荷重を支持しない壁。
プレカット方式	• 木材の継手・仕口等の加工を、工場の機械によって行う方式。
プレキャスト コンクリート工法	• 工場生産されたプレキャストコンクリート板を使用して現場で箱状に組み立てる工法。
プレファブ工法	• 部材をあらかじめ工場で生産する方式。
ボックスユニット構法	• 建築物の一部または全体を、大型の部品としてあらかじめ組み立てておく構法。
モデュラー コーディネーション	• 単位寸法等を基準として用いて、建築及び建築各部の寸法を相互に関連づけるように調整する手法。
枠組壁工法 （ツーバイフォー工法）	• 米で発展した木造建築の工法で、断面が 2 インチ× 4 インチの部材により構成される工法。

Lesson ㉑ 建築設備

ミキシングバルブ・ストレーナ

お湯と水をミキシング
（ミキシングバルブ）

ごみは濾（こ）しとれーな
（ストレーナ）

ミキシングバルブは、お湯と水を混合させて温度調整するための給湯設備、ストレーナは流水を濾過するための給排水設備である。

■各種設備と用語の組合せ

空気調和設備	・インテリアゾーン　・成績係数　・ペリメータ
換気設備	・ダンパー
給排水設備	・クロスコネクション　・ストレーナ ・スロッシング　・ディスポーザ
給湯設備	・ミキシングバルブ　🍥排水設備ではない！
衛生設備	・バキュームブレーカー　・ロータンク
電気設備	・アウトレットボックス　・キュービクル　・セルラダクト ・バスダクト
照明設備	・アンビエント　・ウォールウォッシャ　・グレア
防火設備	・ドレンチャ
消火設備	・窒息作用
避雷設備	・回転球体法
ガス設備	・BF 方式
昇降機設備	・頂部すき間

■建築設備に関する用語

AHU	・中央式空調方式に用いられる空調機で、エアフィルタ、熱交換器、加湿器、送風機などにより構成される。
BOD	・生物化学的酸素要求量のことで、水質汚濁を評価する指標の1つ。
CEC	・エネルギー消費係数のことで、空調、換気、照明、給湯及びエレベーターの各設備システムに関わるエネルギーの効率的利用に対する評価指標。
COP	・成績係数のことで、熱源機器のエネルギー効率を表す数値。
PBX	・構内電話交換機のことで、事業所内などでの電話機相互の接続と、電話局の回線と事業所内の電話機との接続を行う装置。
PMV	・予測平均温冷感申告のことで、温度・湿度・気流・放射の4つの温熱要素に加え、着衣量と代謝量を考慮した温熱指標。
SHF	・空調機により空気に加除される熱量のうち、顕熱量の占める割合。
UPS	・無停電電源装置のことで、停電等の際に、一時的に電力供給を行う。
VAV	・変風量単一ダクト方式のことで、空調対象室の熱負荷の変動に応じて、給気量を変動させる空調方式。
アスペクト比	・長方形ダクトの断面の長辺と短辺の比。4以下とすることが望ましい。
クロスコネクション	・飲料水の給水・給湯系統とその他の系統とを、配管・装置により直接接続すること。絶対に行ってはならない。
コージェネレーションシステム	・発電に伴う排熱を給湯などに有効利用するシステム。
室指数	・照明率を求める際に用いられる指数。室の間口・奥行、作業面から光源までの距離によって求められる。
成績係数	・熱源機器のエネルギー効率を表す数値。その数値が大きいほど効率がよい。
ゾーニング	・空気調和設備において、室の用途・使用時間・空調負荷・方位などにより、空調系統をいくつかに分割すること。
バキュームブレーカー	・吐水した水、使用した水が、逆サイホン作用により給水管に逆流することを防止するために設ける。
フラッシュバルブ方式	・大便器の洗浄方式で、連続して使用でき、多人数が使用する公共建築物などに適する。
ブローアウト方式	・大便器の洗浄方式で、噴射口から洗浄水を強く噴出させ、その圧力で汚物を排出する。
保守率	・照度計算に用いられ、ランプの経年劣化やほこり等による照明器具の光束減少の程度を表す。

❶章

21
建築設備

51

Lesson
22

空気調和設備

密閉回路配管方式

レオン
（冷温水）

見っぺ
（密閉回路）

防潮堤で
（膨張タンク）

密閉回路の冷温水配管系には、
膨張タンクが必要である。

■空調方式の分類

中央熱源方式
- 全空気方式（単一ダクト方式・二重ダクト方式等）
- 空気・水方式（ダクト併用ファンコイルユニット方式）
- 水方式（ファンコイルユニット方式）

個別熱源方式
- 冷媒方式（パッケージユニット方式）

■各種空調方式の特徴

定風量（CAV）単一ダクト方式	• 風量が一定なので、十分な換気量を定常時に確保できる。 • 熱負荷特性が異なる室に対して、それぞれの室の負荷変動に対応することができない。 • 変風量単一ダクト方式に比べて、搬送エネルギー消費量が増加する。

変風量（VAV）単一ダクト方式	・熱負荷特性の異なる室において、それぞれの負荷変動に対応することができる。 ・定風量単一ダクト方式に比べて、室内の気流分布、空気清浄度を一様に維持することが難しい。 ・定風量単一ダクト方式に比べて、送風機のエネルギー消費量を節減することができる。 ・熱負荷のピークの同時発生がない場合、定風量単一ダクト方式に比べて、空調機やダクトサイズを小さくすることができる。
二重ダクト空調方式	・冷風と温風の2系統のダクトによって給気を混合させて温度制御を行うため、個別制御性は高いが、エネルギー損失は大きい。
ファンコイルユニット方式	・各室内に設置し、冷温水コイルを用いて冷却・加熱した空気を循環送風するため、ユニットごとに風量を調節することができる。
ダクト併用ファンコイルユニット方式	・ファンコイルユニットと定風量単一ダクトを併用した方式で、定風量単一ダクト方式に比べて、ダクトスペースを小さくすることができる。
空気熱源ヒートポンプ方式	・ルームエアコンの暖房能力は、外気の温度が低くなるほど低下する。
空気熱源マルチパッケージ型	・屋外機から屋内機に冷媒を供給して冷房を行う。
ガスエンジンヒートポンプ	・ヒートポンプ運転により得られる加熱量とエンジンの排熱量を合わせて利用できる。 ・契約電力を低減させたい場合や、暖房負荷の大きい寒冷地での使用に適している。

■冷却塔・冷凍機

・冷却塔の冷却効果は、主として、冷却水と空気の接触による水の蒸発潜熱によって得られる。

・インバータ搭載型の高効率ターボ冷凍機は、定格運転時より、部分負荷運転時の効率が高い。

これも覚えよう

床吹出し空調方式
・天井吹出しよりも冷房時の給気温度を上げる必要がある。
・送風搬送動力の低減が可能であり、空調機やダクトスペースを小さくすることができる。

給排水設備

クロスコネクション

クロネコハクション
(クロスコネクション)

ほかの携帯から
(他の系統)

救急車に直接つないじゃ
(給水・給湯系統)(直接接続)

ダメでしょう
(禁止)

飲料水の給水・給湯系統とその他の系統とが直接接続されることを<u>クロスコネクション</u>といい、禁止されている。

■各給水方式の比較

水道直結直圧方式

• ポンプ直送方式や水道直結増圧方式より維持管理がしやすい。

高置水槽方式

• 水道直結増圧方式より給水引込管の管径が小さくなる。

■受水槽

事務所ビルの飲料水用受水槽の有効容量

• 1日当たりの予想給水量の 1/3 ～ 1/2 程度。

■上水道給水栓からの飲料水

• 所定値以上の残留塩素が含まれていなければならない。

■給湯設備

- 循環式の中央式給湯設備の給湯温度は、レジオネラ属菌対策として、貯湯槽内で 60℃以上に維持する。
- 加熱装置と膨張タンクをつなぐ膨張管には、止水弁を設けてはならない。

■排水管系統

自然流下式排水立て管の管径

- どの階においても、最下部の最も大きな排水負荷を負担する部分の管径と同じにする。

通気管の横管

- その階の最も高い位置にある衛生器具のあふれ縁より、上方 15 cm 以上の高さに立ち上げ、横走りさせる。

通気立て管の下部

- 最低位の排水横枝管より低い位置において、排水立て管・排水横主管に接続する。

■飲料水用受水槽のオーバーフロー管の排水

- 一般排水系統の配管に間接排水とする。

■トラップ

- 排水管からの臭気等を室内に出さないことを主な目的として設置される。
- 封水深は、5 〜 10 cm とする。
- Ｓトラップは、自己サイホン作用による破封を起こしやすい。
- 二重トラップは禁止されている。

■排水槽・雨水ます

- 排水槽の底部に吸込みピットを設け、槽の底部はピットに向かって下がり勾配とする。
- マンホールは、有効内径 60 cm 以上とする。
- 雨水ますには、底部に泥だめを設ける。

 これも覚えよう

エアチャンバー
- シングルレバー水栓や全自動洗濯機への配管において、ウォータハンマーの発生を防止するためには、エアチャンバーの設置が有効である。

Lesson 24

電気設備・照明設備

色温度

高い山ほど青白く
（高い）　　　　　（青白い）
低い山ほど暖かい
（低い）　　　　（暖色）

色温度は、高いほど青みを帯び、
低いほど暖かみが感じられる。

■電圧区分

種　類	低　圧	高　圧	特別高圧
交　流	600 V 以下	600 V 超 7000 V 以下	7000 V 超
直　流	750 V 以下	750 V 超 7000 V 以下	

■受電電圧

・電気事業者から電気の供給を受ける場合、契約電力により決定される。

■屋内配電方式

住宅	・単相 2 線式 100 V または単相 3 線式 100 V ／ 200 V
中小規模事務所ビル	・単相 3 線式 100 V ／ 200 V

・負荷容量・電線の太さ・長さが同一の場合、配電電圧が大きいほうが大きな電力を供給できる。
・配電線路の電力損失を少なくするためには、負荷電流が小さくなるように配電電圧を計画する。

■低圧屋内配線

- 同一電線管に収める電線本数が多くなると、１本当たりの電線の許容電流は小さくなる。
- ケーブルラックには、絶縁電線を敷設することができない。
- 合成樹脂製可とう管は、コンクリート内に埋設してもよい。

■分電盤

- 電力負荷の中心付近に配置することが望ましい。

■進相コンデンサ

- 力率の改善を目的として使用される。
- 誘導電動機に並列に接続すると、無効電力を削減できる。

■接地工事

A 種	・高圧用・特別高圧用機械器具の鉄台及び金属製外箱の接地
B 種	・高圧・特別高圧電路と低圧電路を結合する変圧器の低圧側の接地
C 種	・300 V 超の低圧用機械器具の鉄台及び金属製外箱の接地
D 種	・300 V 以下の低圧用機械器具の鉄台及び金属製外箱の接地

■照明方式

全般照明	・室内全体を照らす。
局部照明	・特定の部分を照らす。
タスク・アンビエント照明	・全般照明と局部照明を同時に行う。

■照明計画

昼光利用制御	・設計照度を得るために、室内に入る自然光に応じて、照明器具を調光する方式。
初期照度補正制御	・明るさを一定に保つ効果があり、省エネルギー効果も高い。
光束法	・光束法で全般照明の照明計画を行う場合、設置直後の照度は設計照度以上となる。

- 点光源による直接照度は、光源からの距離の 2 乗に反比例する。
- 色温度の低い光源の照明器具を用いると、暖かみのある雰囲気となる。

Lesson ㉕ 防災・消防設備

熱感知器・煙感知器

熱を感じる
（熱感知器）
佐渡の低音
（差動式・定温式）
煙に巻くなら
（煙感知器）
こうでんな
（光電式）

熱感知器には、差動式と定温式が
あり、煙感知器は、光電式である。

■消火設備

水噴霧消火設備	・油火災にも有効。
泡消火設備	・液体燃料の火災にも有効。
粉末消火設備	・液体燃料の火災にも有効。
不活性ガス消火設備	・電気火災にも有効。

■スプリンクラー設備

・閉鎖型　湿式…配管内を水で充たし、火災時に感熱部が融解して自動的に放水。
　　　　　乾式…配管内を圧縮空気で充たし、火災時の空気放出と連動して放水。
　　　　　予作動式…感知器とヘッドの両方が作動したときに放水。
・開放型…一斉開放弁を開放することにより放水。

58

■自動火災報知設備

• 火災の感知と音響装置による報知とを自動的に行う設備。
定温式感知器…周囲の温度が一定の温度以上になったときに作動する。
差動式感知器…周囲の温度が一定の温度上昇率になったときに作動する。
光電式スポット型煙感知器…煙の濃度が一定値を超えたときに作動する。
発信機…手動で火災信号を受信機に発信する。

■その他の防災・消防設備

屋内消火栓設備	• 主に初期火災に用いられ、手動により放水する。 • 2号消火栓の警戒区域は、原則として、水平距離15m以内。
屋外消火栓設備	• 屋外から建築物の1・2階の火災を消火し、隣接する建築物への延焼を防止するための設備。
非常警報設備／非常ベル	• 音響装置の中心から1m離れた位置で90dB以上の音圧が必要。
連結散水設備	• 天井に散水ヘッドを設置し、火災時に消防ポンプ自動車から送水を行い、消火する設備。
非常用照明装置	• 常温下の床面において水平面照度で1lx（蛍光灯を用いる場合には2lx）以上を確保する。 • 予備電源は、停電時に充電を行うことなく30分間継続して点灯できるものとする。
非常用エレベーター	• 火災時に消防隊の消火活動などに使用することを主目的とした設備。
防火ダンパー	• 空気調和設備や換気設備のダクト内に設けられ、火災時の空気流動を遮断する設備。
避雷設備	• 高さ20mを超える建築物において、その高さ20mを超える部分を雷撃から保護するための設備。

 これも覚えよう

• 非常電源には、非常電源専用受電設備、自家発電設備、蓄電池設備、燃料電池設備の4種類がある。

Lesson
㉖

環境に配慮した建築設備計画

窓システム

えばり屋に勝つ
（エアバリア）
ダブルスキング
（ダブルスキン）

日射負荷の低減効果は、エアバリア方式よりもダブルスキン方式のほうが高い。

■夏期の冷房負荷低減

- 外気温が低下する夜間に自然換気を行い、昼間に建築物内部に蓄えられた熱を排出する。
- 主たる窓面を南面に配置する。
- 窓面からの日射負荷を低減するため、南面の窓には水平ルーバーを、西面の窓には垂直ルーバーを計画する。
- タスク・アンビエント照明方式により、室内の冷房負荷を小さくする。
- 屋上・壁面緑化や屋根散水を採用する。

■雨水利用設備・排水再利用設備

- 雨水の集水場所は、屋根や屋上とする。
- 洗面・手洗い排水を浄化して再利用水として使用する。

■窓システム

- 窓部からの日射負荷を低減するため、エアバリア方式よりも低減効果が高いダブルスキン方式を採用する。
- 冷房負荷を低減するため、エアフローウィンドウ方式を採用する。
- Low-E ガラスを使用した複層ガラスは、屋内側に Low-E ガラスを用いる。

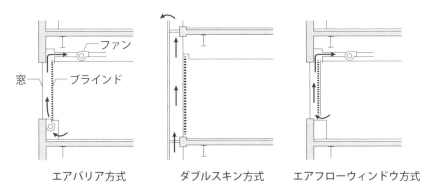

窓　　ファン

　　　ブラインド

エアバリア方式　　　ダブルスキン方式　　　エアフローウィンドウ方式

■空気調和設備・換気設備

- 空調負荷を低減するため、夏期夜間や中間期において自然換気による冷房を行う。
- 空気熱源マルチパッケージ型空調機は、成績係数（COP）の大きい機器を採用する。
- 外気負荷を低減するため、全熱交換型換気扇を採用する。

■給湯設備

- 潜熱回収型給湯機を使用する。
- 給湯エネルギー消費係数（CEC／HW）が小さくなるように計画する。

■電気設備・照明設備

- 配電線路の電力損失を低減するため、配電電圧を高める。
- 使用電力量を低減するため、自然採光と人工照明を併用する。

 これも覚えよう

デシカント空調方式
- 従来の冷却除湿方式の空調に比べて、潜熱のみを効率よく除去することができる。

Lesson
01

建築基準法／用語

主要構造部

主要構造部は

2K
（壁・階段）

2H
（柱・はり）

2Y
（床・屋根）

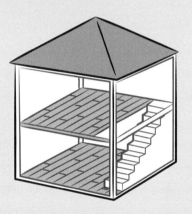

建築基準法にいう主要構造部とは、壁、柱、床、はり、屋根または階段をいう。

■建築基準法の用語

建築物	・土地に定着する工作物のうち、屋根・柱・壁を有するもの、これに附属する門・塀等。 **注意** 鉄道のプラットホームの上家は、「建築物」ではない！
特殊建築物	・学校、体育館、病院、劇場、展示場、百貨店、旅館、共同住宅、倉庫、自動車車庫、危険物の貯蔵場等。 **注意** ボーリング場・老人福祉施設・障害者支援施設の用途に供する建築物も、「特殊建築物」である！
建築設備	・建築物に設ける電気、ガス、給水、排水、換気、暖房、冷房、消火、排煙もしくは汚物処理の設備または煙突、昇降機もしくは避雷針。
主要構造部	・壁、柱、床、はり、屋根、階段。 **注意** 基礎や構造上重要でない間仕切壁は、「主要構造部」ではない！

構造耐力上主要な部分	・基礎、基礎ぐい、壁、柱、小屋組、土台、斜材、床版、屋根版、横架材で、建築物の自重もしくは積載荷重、積雪荷重、風圧、土圧もしくは水圧または地震その他の震動もしくは衝撃を支えるもの。 **注意** 火打材や筋かいも、「構造耐力上主要な部分」である！
延焼のおそれのある部分	・隣地境界線、道路中心線または同一敷地内の 2 以上の建築物相互の外壁間の中心線から、1 階にあっては 3 m 以下、2 階以上にあっては 5 m 以下の距離にある建築物の部分。
防火性能	・建築物の周囲において発生する通常の火災による延焼を抑制するために外壁または軒裏に必要とされる性能。
防火設備	・防火戸、ドレンチャーその他火炎を遮る設備。
遮炎性能	・通常の火災時における火炎を有効に遮るために防火設備に必要とされる性能。
建築	・建築物を新築・増築・改築・移転すること。 **注意** 大規模の修繕や大規模の模様替は、「建築」に含まれない！
大規模の修繕	・建築物の主要構造部の 1 種以上について行う過半の修繕。
大規模の模様替	・建築物の主要構造部の 1 種以上について行う過半の模様替。
建築主	・建築物に関する工事の請負契約の注文者、または請負契約によらないで自らその工事をする者。
特定行政庁	・建築主事を置く市町村の区域については当該市町村長、その他の市町村の区域については都道府県知事。
地階	・床が地盤面下にある階で、床面から地盤面までの高さがその階の天井の高さの 1/3 以上のもの。
避難階	・直接地上へ通ずる出入口のある階。

❷章

01 建築基準法／用語

ここが重要！

・防火性能は、外壁だけではなく、外壁または軒裏に求められることを押さえよう。

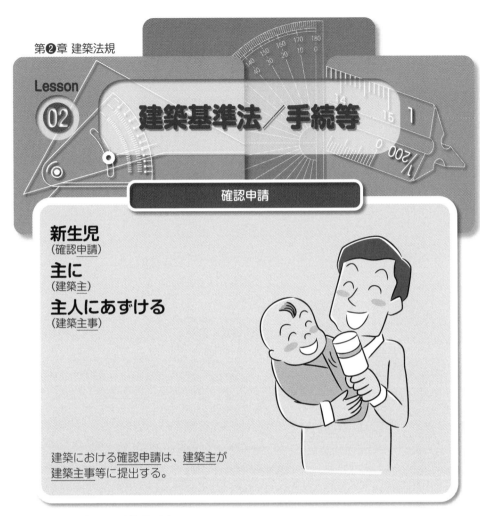

Lesson ❷ 建築基準法／手続等

確認申請

新生児
（確認申請）

主に
（建築主）

主人にあずける
（建築主事）

建築における確認申請は、建築主が
建築主事等に提出する。

■建築工事届・建築物除却届

- 以下の者は、建築主事を経由して、その旨を都道府県知事に届け出なければ
ならない。**注意** 特定行政庁に届け出るのではない！
① 床面積の合計が 10 m^2 を超える建築物を建築しようとする建築主
② 工事に係る部分の床面積の合計が 10 m^2 を超える建築物の除却工事を施工す
る者

■建築確認

全国どの場所においても確認済証の交付を受ける必要があるもの

① 耐火建築物等としなければならない特殊建築物で、その用途に供する部分の
床面積の合計が 200 m^2 を超えるもの

② 木造の建築物で 3 以上の階数を有し、または延べ面積が 500 m²、高さが 13 m もしくは軒の高さが 9 m を超えるもの

③ 木造以外の建築物で 2 以上の階数を有し、または延べ面積が 200 m² を超えるもの

- 消防法に基づく住宅用防災機器の設置の規定については、建築主事または指定確認検査機関による確認審査等の対象となる。
- 確認済証の交付を受けた後に、当該建築物の計画において国土交通省令で定める軽微な変更を行おうとする場合は、改めて、確認済証の交付を受ける必要はない。

■中間検査

- 建築主は、以下のいずれかに該当する特定工程に係る工事を終えたときは、その都度、建築主事または指定確認検査機関の中間検査を申請しなければならない。

① 階数が 3 以上である共同住宅の床及びはりに鉄筋を配置する工事の工程のうち政令で定める工程

② 特定行政庁が、その地方の建築物の建築の動向または工事に関する状況等を勘案して指定する工程

■完了検査

- 建築主は、建築確認に係る工事を完了したときは、当該工事が完了した日から 4 日以内に建築主事に到達するようにして、建築主事の完了検査を申請しなければならない。
- 建築主事等は、建築主事が完了検査の申請を受理した日から 7 日以内に、完了検査をしなければならない。
- 指定確認検査機関は、完了検査の引受けを行ったときは、当該検査の引受けを行った工事が完了した日、または当該検査の引受けを行った日のいずれか遅い日から 7 日以内に、完了検査をしなければならない。
- 建築主は、以下の場合を除き、検査済証の交付を受けた後でなければ、当該建築確認に係る建築物を使用することはできない。

① 特定行政庁が、安全上、防火上及び避難上支障がないと認めたとき

② 建築主事または指定確認検査機関が、安全上、防火上及び避難上支障がないものとして国土交通大臣が定める基準に適合していることを認めたとき

③ 完了検査の申請が受理された日から 7 日を経過したとき

Lesson 03

建築基準法 面積・高さ等の算定

建築面積

1 名以下の誓いは
（1 m 以下の地階）

物にならない
（建築物に含まない）

建築面積を算定する場合、地盤面上 1 m 以下の地階は、建築物に含めない。

■面積

敷地面積

- 敷地の水平投影面積による。ただし、幅員 4 m 未満の道路の境界線とみなされる線と道との間の部分の敷地は、算入しない。

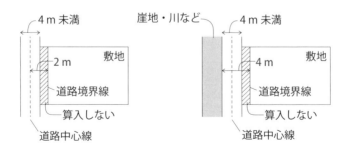

建築面積

- 建築物（地階で地盤面上 1 m 以下にある部分を除く）の外壁またはこれに代わる柱の中心線（軒、ひさし、はね出し縁その他で当該中心線から水平距離 1 m 以上突き出たものがある場合には、原則として、その端から水平距離 1 m 後退した線）で囲まれた部分の水平投影面積による。

延べ面積

- 建築物の各階の床面積の合計による。ただし、容積率の規定に係る延べ面積には、以下の建築物の部分の床面積を算入しない。

① 自動車車庫等部分

② 備蓄倉庫部分

③ 蓄電池設置部分

④ 自家発電設備設置部分

⑤ 貯水槽設置部分

⑥ 宅配ボックス設置部分

■高さ

建築物の高さ

- 地盤面からの高さによる。ただし、各規定により基準面及び算定方法が異なる。また、棟飾、防火壁の屋上突出部等、屋上突出物は、当該建築物の高さに算入しない。

階数

- 以下の部分で、水平投影面積の合計がそれぞれ当該建築物の建築面積の 1 / 8 以下のものは、当該建築物の階数に算入しない。

① 昇降機塔、装飾塔、物見塔その他これらに類する建築物の屋上部分

② 地階の倉庫、機械室その他これらに類する建築物の部分

- 建築物の一部が吹抜きとなっている場合、建築物の敷地が斜面または段地である場合、その他建築物の部分によって階数を異にする場合は、これらの階数のうち最大なものによる。

 これも覚えよう

> **地盤面**
> - 建築物が周囲の地面と接する位置の平均の高さにおける水平面をいい、その接する位置の高低差が 3 m を超える場合においては、その高低差 3 m 以内ごとの平均の高さにおける水平面をいう。

Lesson
04

建築基準法／一般構造

調理室の換気設備

100 人の米兵
(100 m² 以内)

熱出し　銃に嫌われて
(発熱量・12kW 以下)

10 人に 1 人は　ユウコが介抱
(1/10 以上・有効開口面積)

床面積の合計が 100 m² 以内の住宅等で、発熱量の合計が 12 kW 以下のコンロ等を使用する調理室に、調理室の床面積の 1/10 以上の有効開口面積を有する窓等を設けた場合は、換気設備を設置しなくてもよい。

■居室の採光

居室の開口部で採光に有効な部分を算定する場合の隣地境界線

①開口部が道に面する場合⇒道の反対側の境界線

②開口部が公園・広場・川等に面する場合
　⇒公園・広場・川その他これらに類する空地または水面の幅の 1/2 だけ隣地境界線の外側にある線

■換気設備

火を使用する室で換気設備を設けなくてよいもの

①床面積の合計が 100 m² 以内の住宅・住戸に設けられた調理室（発熱量の合計が 12 kW 以下の火を使用する設備・器具を設けたもの）で、当該調理室の床面積の 1 / 10 以上の有効開口面積を有する窓その他の開口部を換気上有効に設けたもの

②調理室以外の、発熱量の合計が 6 kW 以下の火を使用する設備・器具を設けた室で、換気上有効な開口部を設けたもの

ホルムアルデヒドに関する技術的基準による有効換気量

- 居室に機械換気設備を設ける場合は、有効換気量を必要有効換気量以上とする。

必要有効換気量の計算式

必要有効換気量＝ 0.5 ×居室の床面積×居室の天井の高さ

■居室の天井の高さ

- 居室の天井の高さは、2.1 m 以上でなければならない。
    - **注意** 居室以外の天井の高さには適用されない！
- 天井の高さは、室の床面から測り、1 室で天井の高さの異なる部分がある場合は、その平均の高さによるものとする。

■居室の床の高さ・防湿方法

最下階の居室の床が木造の場合

- 床の高さは、直下の地面からその床の上面まで 45 cm 以上とする。
    - **注意** 居室以外には適用されない！
- 外壁の床下部分には、壁の長さ 5 m 以下ごとに、面積 300 cm^2 以上の換気孔を設け、これにねずみの侵入を防ぐための設備をする。
    - **注意** 床下をコンクリート・たたき等の材料で覆う場合は例外となる！

■住宅の階段・踊場等

蹴上げ…23 cm 以下　　踏面…15 cm 以上

踊場の位置・踏幅

- 階段の高さが 4 m を超える場合は、高さ 4 m 以内ごとに踊場を設けなければならない。
- その場合の直階段の踊場の踏幅は、1.2 m 以上としなければならない。

階段等の手すり等

- 階段には、手すりを設けなければならないが、高さ 1 m 以下の階段には設けなくてもよい。

階段に代わる傾斜路の勾配

- 1/8 を超えてはならない。

■手摺壁

- 2 階以上の階にあるバルコニーの周囲には、安全上必要な高さが 1.1 m 以上の手摺壁等を設けなければならない。

❷章

04 建築基準法／一般構造

Lesson
05

建築基準法／構造計算

許容応力度

気長に待てない短気
（長期）　　　　　　　（短期）

喫茶室で
（砂質地盤）

ばば（ジョーカー）ぬき
（液状化のおそれなし）

5時にはバイバイ
（50の2倍）

地震時に液状化のおそれのない砂質地盤の、短期に生ずる力に対する許容応力度は、長期の2倍とし、$50 \times 2 = 100$ kN/m^2 となる。

■構造計算を要する建築物

① 高さが 60 m を超える建築物	
② 高さが 60 m 以下の建築物	
木造建築物	・階数 3 以上 ・延べ面積 500 m^2 以上 ・高さ 13 m 超 ・軒の高さ 9 m 超
木造以外の建築物	・階数 2 以上 ・面積 200 m^2 超 ・鉄骨造／地階を除く階数 4 以上 ・鉄筋コンクリート造・鉄骨鉄筋コンクリート造等／高さ 20 m 超
床、屋根及び階段を除く主要構造部を石造、れんが造、コンクリートブロック造、無筋コンクリート造等とする建築物	・高さ 13 m 超 ・軒の高さ 9 m 超

■荷重・外力の種類

- 固定荷重　　•積載荷重　　•積雪荷重　　•風圧力　　•地震力
- 建築物の実況に応じて、土圧、水圧、震動及び衝撃による外力

■地盤の許容応力度

地　　盤	長期に生ずる力に対する 許容応力度（単位 kN／m²）
固結した砂	500
密実な砂質地盤	200
砂質地盤（地震時に液状化のおそれのないもの）	50

- 短期に生ずる力に対する許容応力度は、長期に生ずる力に対する許容応力度の数値の 2 倍。

■積雪荷重

- 積雪の単位荷重に屋根の水平投影面積及びその地方における**垂直積雪量**を乗じて計算する。

積雪の単位荷重…積雪量 1 cm ごとに 20 N／m²

- 屋根の積雪荷重は、屋根に雪止めがある場合を除き、その勾配が 60 度を超える場合には、零とすることができる。
- 雪下ろしを行う慣習のある地方では、その地方における垂直積雪量が 1 m を超える場合でも、積雪荷重は、雪下ろしの実況に応じて垂直積雪量を 1 m まで減らして計算することができる。

■積載荷重

- 柱・基礎の垂直荷重による圧縮力を計算する場合において、劇場・映画館等の客席の積載荷重は、そのささえる床の数に応じて減らすことができない。
- 倉庫業を営む倉庫における床の積載荷重は、実況に応じて計算した数値が 3,900 N／m² 未満の場合でも、3,900 N／m² としなければならない。

■風圧力

- 建築物に近接してその建築物を風の方向に対して有効にさえぎる他の建築物、防風林等がある場合は、その方向における速度圧は、所定の数値の 1／2 まで減らすことができる。

建築基準法／構造強度

筋かいの厚さ

圧縮サンダル
（圧縮力・3 cm 以上）

引っ張りに行ってごらん
（引張り力・1.5 cm 以上）

筋かいに使用する木材の厚さは、圧縮力を負担するものは 3 cm 以上、引張り力を負担するものは 1.5 cm 以上でなければならない。

■基礎・土台

- 建築物には、異なる構造方法による基礎を併用してはならない。
- 布基礎の立上り部分を除く基礎の鉄筋に対するコンクリートのかぶり厚さは、捨コンクリートの部分を除いて、6 cm 以上としなければならない。
- 基礎に木ぐいを使用する場合には、その木ぐいは、平家建の木造の建築物に使用する場合を除き、常水面下にあるようにしなければならない。
- 土台は、基礎に緊結しなければならない。
- 柱を基礎に緊結した場合には、土台を設けなくてもよい。

■柱の小径

- 柱の張り間方向及びけた行方向の小径は、それぞれの方向でその柱に接着する構造耐力上主要な部分である横架材の相互間の垂直距離に対して、所定の割合以上のものでなければならない。
- 接合部を通し柱と同等以上の耐力を有するように補強した場合を除き、階数が 2 以上の建築物におけるすみ柱は、通し柱としなければならない。

- 構造耐力上主要な部分である柱の有効細長比は、150以下としなければならない。

■筋かいの材料

引張り力を負担する筋かい	• 厚さ1.5cm以上で幅9cm以上の木材または径9mm以上の鉄筋
圧縮力を負担する筋かい	• 厚さ3cm以上で幅9cm以上の木材

■外壁内部等の防腐措置等

- 柱、筋かい及び土台のうち、地面から1m以内の部分には、有効な防腐措置を講ずるとともに、必要に応じて、しろありその他の虫による害を防ぐための措置を講じなければならない。

■耐力壁

- 厚さは、12cm以上とする。
- 各階の張り間方向及びけた行方向に配置する補強コンクリートブロック造の耐力壁の長さのそれぞれの方向についての合計は、その階の床面積1m²につき15cm以上としなければならない。
- 平家建ての建築物で複配筋として配置する場合、径9mm以上の鉄筋を縦横50cm以下の間隔とすることができる。

■圧縮材の有効細長比

- 鋼材の圧縮材の有効細長比は、柱にあっては200以下、柱以外のものにあっては250以下としなければならない。

■高力ボルト・ボルト・リベット

- 相互間の中心距離は、その径の2.5倍以上としなければならない。
- 高力ボルト孔の径は、原則として、高力ボルトの径より2mmを超えて大きくしてはならない。

■鉄筋コンクリート造の柱・床版の構造

- 柱の小径は、原則として、その構造耐力上主要な支点間の距離の1/15以上とする。
- 床版の厚さは、原則として、8cm以上とし、最大曲げモーメントを受ける部分における引張鉄筋の間隔は、短辺方向において20cm以下、長辺方向において30cm以下で、かつ、床版の厚さの3倍以下とする。

Lesson
07

建築基準法
耐火・防火構造

間仕切壁の構造

まじ、仕切るの？
（間仕切壁）

また、渋滞か……
（準耐火構造）

寄宿舎等の間仕切壁や、長屋・共同住宅の界壁は、準耐火構造としなければならない。

■耐火建築物等としなければならない特殊建築物

用 途	構造	特定避難時間倒壊等防止建築物・準耐火建築物・耐火構造等建築物・耐火建築物	
	階	その用途に供する階（地上部分）	その用途に供する面積
1 劇場、映画館、演芸場		主階が1階にないもの 3階以上の階	客席 ≧ 200 m² 屋外観覧席 ≧ 1,000 m²
観覧場、公会堂、集会場		3階以上の階	
2 病院、診療所(病室のあるもの)、 ホテル、旅館、児童福祉施設等、 下宿、共同住宅、寄宿舎		3階以上の階	2階 ≧ 300 m² （病院、診療所では、階に病室がある場合）
3 学校、体育館、博物館、美術館、 図書館、ボーリング場、スキー場、 スポーツの練習場		3階以上の階	その用途の床面積の合計 ≧ 2,000 m²
4 百貨店、マーケット、展示場、 キャバレー、カフェー、料理店、 飲食店、物品販売店(10 m²超)		3階以上の階	その用途の床面積の合計 ≧ 3,000 m² 2階 ≧ 500 m²

特定避難時間倒壊等防止建築物（令110条）

※1 特定避難時間とは、特殊建築物の構造、建築設備及び用途に応じて当該建築物に存する者のすべてが当該建築物から地上までの避難を終了するまでに要する時間をいう

※2 外壁の開口部で建築物の他の部分から当該開口部へ延焼する恐れがある個所に防火設備を設ける

用　途	構造	耐火建築物		耐火又は準耐火建築物
	階	その用途に供する階（地上部分）	その用途に供する面積	その用途に供する床面積
5 倉庫		3 階以上床面積の合計 ≧ 200 m²		その用途の床面積合計≧ 1,500 m²
6 自動車車庫、自動車修理工場、映画スタジオ、テレビスタジオ		3 階以上の階	―	その用途の床面積合計≧ 150 m²

■防火区画

防火区画しなくてよい部分

- 階数が 3 以下で延べ面積が 200 m² 以内の一戸建ての住宅、長屋・共同住宅の住戸のうちその階数が 3 以下で、かつ、床面積の合計が 200 m² 以内であるものにおける吹抜き・階段・昇降機の昇降路の部分等

給水管・配電管等が防火区画の壁を貫通する場合

- 管と防火区画との隙間をモルタルその他の不燃材料で埋めなければならない。
   準不燃材料ではない！

■防火壁等

- 原則として、耐火建築物・準耐火建築物等以外の、延べ面積が 1,000 m² を超える建築物は、防火上有効な構造の防火壁・防火床によって有効に区画し、かつ、各区画の床面積の合計をそれぞれ 1,000 m² 以内としなければならない。

■木造等の建築物の防火壁及び防火床

- 耐火構造とする。
- 通常の火災による防火壁・防火床以外の建築物の部分の倒壊によって生ずる応力が伝えられた場合に倒壊しないものとする。
  組構造としてはならない！

■建築物の界壁・間仕切壁・隔壁

- 原則として、長屋・共同住宅の各戸の界壁は、準耐火構造とし、小屋裏・天井裏に達せしめなければならない。　防火構造ではない！
- 学校、病院、寄宿舎、老人福祉施設等の用途に供する建築物の当該用途に供する部分については、その防火上主要な間仕切壁を準耐火構造とし、小屋裏・天井裏に達せしめなければならない。
- 原則として、建築面積が 300 m² を超える建築物の小屋組が木造である場合においては、小屋裏の直下の天井の全部を強化天井とするか、桁行間隔 12 m以内ごとに小屋裏に準耐火構造の隔壁を設けなければならない。

Lesson 08 建築基準法／避難施設等

2 以上の直通階段を必要とするもの

戦後の物品販売
(1,500 m² を超える・物品販売店舗)

病院には 50 円
(病院・50 m² を超える)

旅館には 100 円で
(旅館・100 m² を超える)

床面積の合計が 1,500 m² を超える物品販売業を営む店舗、病室の床面積の合計が 50 m² を超える病院、宿泊室の床面積の合計が 100 m² を超える旅館の各階には、2 以上の直通階段を設けなければならない。

■廊下の幅

用　途	両側に居室がある廊下	その他の廊下
学校の児童・生徒用	2.3 m 以上	1.8 m 以上
病院の患者用・共同住宅（住戸 > 100 m²）の共用等	1.6 m 以上	1.2 m 以上

■居室から直通階段までの距離

居室の種類	主要構造部が準耐火構造または不燃材料の場合	それ以外の場合
① 無窓居室及び百貨店・マーケット等（別表第一（い）欄（4））	30 m 以下	30 m 以下
② 病院・ホテル等（別表第一（い）欄（2））	50 m 以下	30 m 以下
③ ①・②以外	50 m 以下	40 m 以下

＊ 地上に通ずる主たる廊下・階段等の壁及び天井（屋根）の室内に面する部分の仕上げを準不燃材料でしたものについては、表の数値に 10 を加えた数値とする。

■ 2 以上の直通階段を設けなければならないもの

① 劇場・映画館等または客席を有する集会場

② 物品販売業を営む店舗 ＞ 1,500 m²

③ 病院・診療所または児童福祉施設等の病室・居室 ＞ 50 m²
　（準耐火構造・不燃材料の場合は ＞ 100 m²）

④ ホテル・旅館・下宿・共同住宅の宿泊室・居室 ＞ 100 m²
　（準耐火構造・不燃材料の場合は ＞ 200 m²）

■屋外への出口

- 劇場、映画館等または集会場の客用に供する屋外への出口の戸は、内開きとしてはならない。

■排煙設備

- 無窓居室（令第 116 条の 2 第 1 項第二号に該当する窓その他の開口部を有しない居室）がある場合には、原則として、排煙設備を設けなければならない。
- 階段の部分、昇降機の昇降路の部分等には、排煙設備を設けなくてもよい。

■非常用の照明装置

- 以下のものには、非常用の照明装置を設けなくてもよい。

① 一戸建の住宅・長屋・共同住宅の住戸

② 病院の病室・下宿の宿泊室・寄宿舎の寝室等

③ 学校等　　注意　スポーツの練習場は、学校等に含まれる！

④ 採光上有効に直接外気に開放された通路

■非常用の進入口

- 建築物の高さ 31 m 以下の部分にある 3 階以上の階には、非常用の進入口を設けなければならない。

例外

- 非常用エレベーターを設置している場合

構造

- 進入口の間隔は、40 m 以下であること。
- 進入口には、奥行き 1 m 以上、長さ 4 m 以上のバルコニーを設けること。

Lesson 09 建築基準法／内装制限

仕上げ材

3階の廊下で調理して
（3階以上の居室・廊下・調理室）

19年
（準不燃材料）

内装制限を受ける特殊建築物の3階以上の居室の天井、地上に通ずる主たる廊下及び内装制限を受ける調理室の壁と天井の仕上げは、準不燃材料でしなければならない。

■内装制限を受ける特殊建築物等

① 下表の特殊建築物

用　途	耐火建築物	準耐火建築物	その他の建築物
劇場、映画館等 （別表第一（い）欄（1）項）	客席 ≧ 400 m²	客席 ≧ 100 m²	客席 ≧ 100 m²
病院、ホテル等 （別表第一（い）欄（2）項）	3階以上 ≧ 300 m²	2階 ≧ 300 m²	当該用途に供する部分 ≧ 200 m²
百貨店、料理店等 （別表第一（い）欄（4）項）	3階以上 ≧ 1,000 m²	2階 ≧ 500 m²	当該用途に供する部分 ≧ 200 m²

② 自動車車庫・自動車修理工場の用途に供する特殊建築物

③ 地階・地下工作物内に設ける居室等で前ページの表の用途に供するものを有する特殊建築物

④ 階数が 3 以上の建築物で、延べ面積 500 m² を超えるもの（学校等を除く）

⑤ 延べ面積が 1,000 m² を超える建築物で、階数が 2 で延べ面積が 1,000 m² を超えるもの、または階数が 1 で延べ面積が 3,000 m² を超えるもの（学校等を除く）

⑥ 階数が 2 以上の住宅等（耐火建築物を除く）で、最上階以外の階に設けられた、火を使用する設備・器具を設けた調理室・浴室等

> 注意 主要構造部を耐火構造とした学校・体育館は、その構造及び規模にかかわらず、内装の制限を受けない！

■特殊建築物等の内装

原則として難燃材料で仕上げるべきもの

• 前ページの表に掲げる特殊建築物の居室の壁（床面からの高さが 1.2 m 以下の部分を除く）及び天井（天井がない場合は屋根）の室内に面する部分（回り縁・窓台等を除く）

> 注意 内装制限を受ける居室の天井の回り縁は、内装制限の対象とはならない！

原則として準不燃材料で仕上げるべきもの

• 上記特殊建築物のうち、3 階以上の階に居室を有する建築物の当該各用途に供する居室の天井の室内に面する部分

• 内装制限を受ける特殊建築物の当該各用途に供する部分及びこれから地上に通ずる主たる廊下・通路等の壁及び天井の室内に面する部分

• 内装制限を受ける調理室等の壁及び天井の室内に面する部分

ここが重要！

• 自動車車庫・自動車修理工場は、その構造や規模にかかわらず、内装の制限を受け、火を使用する設備を設けた調理室は、そうではないことをしっかり押さえよう。

• 内装制限を受ける特殊建築物の居室から地上に通ずる主たる廊下・通路の壁及び天井の室内に面する部分の仕上げは、難燃材料ではなく、準不燃材料でしなければならないことをしっかり押さえよう。

Lesson ⑩ 建築基準法／道路等

袋路状道路

袋小路で
（袋路）

産後に転げ回る猫
（35 m 超・転回広場）

見守る復員兵 6 名
（幅員 6 m 以上）

延長が 35 m を超え、終端及び区間 35 m 以内ごとに国土交通大臣の定める基準に適合する自動車の転回広場が設けられている場合や、幅員が 6 m 以上の場合は、袋路状道路とすることができる。

■道路の定義

- 道路法・都市計画法等にいう幅員 4 m 以上のものをいう（地下におけるものを除く）。
- 特定行政庁がその地方の気候・風土の特殊性・土地の状況により必要と認めて都道府県都市計画審議会の議を経て指定する区域内においては、6 m 以上のものをいう。
- 都市計画区域・準都市計画区域の指定もしくは変更等により建築基準法第3章の規定が適用されるに至った際、現に存在する道は、道路に該当する。
- 道路法、都市計画法等による新設または変更の事業計画のある道路で、2 年以内にその事業が執行される予定のものとして特定行政庁が指定したものは、建築基準法上の道路に該当する。

■敷地等と道路との関係

- 建築物の敷地は、以下のものを除く道路に 2 m 以上接しなければならない。
① 自動車のみの交通の用に供する道路
② 一定の地区計画の区域内の道路
- その敷地の周囲に広い空地を有する建築物その他の国土交通省令で定める基準に適合する建築物で、特定行政庁が交通上、安全上、防火上及び衛生上支障がないと認めて建築審査会の同意を得て許可したものは、道路に 2 m 以上接していない敷地に建築することができる。
- 地方公共団体は、その用途・規模・位置の特殊性により、避難・通行の安全の目的を十分に達成することが困難であると認めるときは、条例で、必要な制限を付加することができる。 注意 特定行政庁ではない！

■道路内の建築制限

- 建築物または敷地を造成するための擁壁は、道路内に、または道路に突き出して建築し、または築造してはならない。
道路内に建築できるもの
- 地盤面下に設ける建築物
- 公衆便所・巡査派出所等の公益上必要な建築物で特定行政庁が通行上支障がないと認めて建築審査会の同意を得て許可したもの

■私道の変更・廃止の制限

- 私道の変更・廃止によって、その道路に接する敷地が接道規定等に抵触することとなる場合においては、特定行政庁は、その私道の変更・廃止を禁止し、または制限することができる。

■壁面線

- 特定行政庁は、街区内における建築物の位置を整えその環境の向上を図るために必要があると認める場合においては、あらかじめ、利害関係者の出頭を求めて公開による意見の聴取を行ったうえで、建築審査会の同意を得て、壁面線を指定することができる。
- 建築物の壁・これに代わる柱・高さ 2 m を超える門・へいは、壁面線を越えて建築してはならない。
 注意 建築物の屋根は、壁面線を越えて建築することができる！

Lesson ⑪ 建築基準法／用途制限

店舗・飲食店

一種の中高年になると
（第一種中高層住居専用地域）

お店で飲食　500 円まで
（店舗・飲食店）　（500 m² 以内）

3 回以上はダメ
（3 階以上は除く）

店舗、飲食店等のうち政令で定めるものでその用途に供する部分の床面積の合計が 500 m² 以内のもの（3 階以上の部分をその用途に供するものを除く）は、第一種中高層住居専用地域に建築することができる。

■新築できるものの例

第一種低層住居専用地域	• 延べ面積 600 m² 以内の地方公共団体の支所・老人福祉センター・児童厚生施設
第二種低層住居専用地域	• 延べ面積 150 m² 以内の学習塾
第二種中高層住居専用地域	• 自家用の倉庫
第一種・第二種・準住居地域	• ホテル・旅館・保健所
工業専用地域	• 銀行の支店

■新築してはならないものの例

第二種中高層住居専用地域	• 床面積の合計が 15 m² を超える畜舎
第一種住居地域	• カラオケボックス

第一種・第二種住居地域	・原動機を使用する自動車修理工場で、作業場の床面積の合計が 50 m² を超えるもの ・倉庫業を営む倉庫

■建築物の敷地が2以上の用途地域にわたる場合の措置

・建築物の敷地が2以上の用途地域にわたる場合は、その敷地の全部について敷地の過半の属する地域の規定を適用する。

■用途地域内の建築物の制限（○建築できるもの、×建築できないもの）

		一低住専	二低住専	一中住専	二中住専	一住	二住	準住居	田園住居	近商	商業	準工業	工業	工専
神社、教会、保育所、診療所、公衆浴場等		○	○	○	○	○	○	○	○	○	○	○	○	○
住宅、共同住宅、寄宿舎、下宿、図書館、老人ホーム、福祉ホーム等		○	○	○	○	○	○	○	○	○	○	○	○	×
地方公共団体の支庁舎、郵便局、老人福祉センター等	600 m² 以内のもの（郵便局は 500 m² 以内）	○	○	○	○	○	○	○	○	○	○	○	○	○
	600 m² を超えるもの	×	×	○	○	○	○	○	×	○	○	○	○	○
幼稚園、小・中・高校、中等教育学校、盲・聾・養護学校		○	○	○	○	○	○	○	○	○	○	○	×	×
大学、高専、専修学校、病院		×	×	○	○	○	○	○	×	○	○	○	×	×
事務所	1,500 m² 以下、かつ地上 2 階以下	×	×	×	○	○	○	○	×	○	○	○	○	○
	上記以外で 3,000 m² 以下	×	×	×	×	○	○	○	×	○	○	○	○	○
	3,000 m² を超えるもの	×	×	×	×	×	○	○	×	○	○	○	○	○
店舗・飲食店等	≦ 150 m²、かつ ≦ 2 階	×	○	○	○	○	○	○	○	○	○	○	○	×
	150 m² ＜ 面積 ≦ 500 m²、≦ 2 階	×	×	○	○	○	○	○	○	○	○	○	○	×
	上記以外で ≦ 1,500 m²、≦ 2 階	×	×	×	○	○	○	○	×	○	○	○	○	×
	上記以外で 3,000 m² 以下	×	×	×	×	○	○	○	×	○	○	○	○	×
	3,000 m² を超えるもの	×	×	×	×	×	○	○	×	○	○	○	○	×
ボーリング場、スケート場、水泳場等	3,000 m² 以下	×	×	×	×	○	○	○	×	○	○	○	○	×
	3,000 m² を超えるもの	×	×	×	×	×	○	○	×	○	○	○	○	×
ホテル・旅館	3,000 m² 以下	×	×	×	×	○	○	○	×	○	○	○	×	×
	3,000 m² を超えるもの	×	×	×	×	×	○	○	×	○	○	○	×	×
マージャン屋、ぱちんこ屋、射的場、馬券車券売場等		×	×	×	×	×	○	○	×	○	○	○	○	×
自動車修理工場	50 m² ＜ 作業場 ≦ 150 m²	×	×	×	×	×	×	○	×	○	○	○	○	○
	150 m² ＜ 作業場 ≦ 300 m²	×	×	×	×	×	×	×	×	○	○	○	○	○
農業用施設		−	−	−	−	−	−	−	○	−	−	−	−	−

Lesson ⑫

建築基準法
容積率・建蔽率

建蔽率の求め方

建蔽率の求め方は、
（建蔽率）

剣の技術の
（建築面積）

下に知識あり
（分母に敷地面積）

建蔽率の求め方は、<u>建築面積／</u>
<u>敷地面積</u>である。

■容積率

- 建築物の敷地が容積率の制限の異なる区域にわたる場合においては、当該建築物の容積率は、加重平均により求める。

  🏴 敷地の過半の属する区域の容積率の制限を適用するのではない！

容積率の算定の基礎となる延べ面積

- 建築物の地階でその天井が地盤面から高さ1m以下にあるものの老人ホームの用途に供する部分の床面積は、当該老人ホームの用途に供する部分の床面積の合計の1/3を限度として、延べ面積に算入しない。

  🏴 住宅においても同様である！

- 建築物の容積率の算定の基礎となる延べ面積には、エレベーターの**昇降路**の部分、共同住宅・老人ホーム等の共用の廊下・階段の用に供する部分、住宅・老人ホーム等の機械室等の部分は算入しない。

- 宅配ボックスを設ける部分の床面積は、当該建築物の各階の床面積の合計の1/100を限度として、延べ面積に算入しない。

専用住宅の容積率を、一定の条件下で、都市計画において定められた容積率の1.5倍以下とすることができる地域

- 第一種住居地域　• 第二種住居地域　• 準住居地域　• 近隣商業地域
- 一定の準工業地域　• 一定の商業地域
  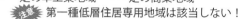 第一種低層住居専用地域は該当しない！

■用途地域及び道路幅員による容積率

	(一)	(二)
	都市計画等で定めた指定値	道路幅員 W が12 m未満の場合
一種・二種低層住専・田園住居地域	5/10, 6/10, 8/10, 10/10, 15/10, 20/10	$W \times 4/10$
一種・二種中高層住専地域	10/10, 15/10, 20/10, 30/10, 40/10, 50/10	$W \times 4/10$（特定行政庁が指定した場合は 6/10）
一種・二種・準住居地域		
近隣商業・準工業地域		
商業地域	20/10, 30/10, 40/10, 50/10, 60/10, 70/10, 80/10, 90/10, 100/10, 110/10, 120/10, 130/10	$W \times 6/10$（特定行政庁が指定した場合は 4/10 又は 8/10）
工業・工業専用地域	10/10, 15/10, 20/10, 30/10, 40/10	
用途地域無指定区域	5/10, 8/10, 10/10, 20/10, 30/10, 40/10	

■建蔽率

	敷地が防火地域外にある場合、敷地が防火地域内にあるが耐火建築物等以外がある場合		敷地の全部又は一部が防火地域内にあり、敷地内建築物のすべてが耐火建築物等の場合		
	基準建蔽率	角地等	一般	角地等	
一種・二種低層住専地域 一種・二種中高層住専地域 田園住居地域、工業専用地域	3/10, 4/10, 5/10, 6/10	基準建蔽率 + 1/10	基準建蔽率 + 1/10	基準建蔽率 + 2/10	
一種・二種住居、準住居、準工業地域	5/10, 6/10, 8/10	基準建蔽率 + 1/10	基準建蔽率 + 1/10	基準建蔽率 + 2/10	＊
近隣商業地域	6/10, 8/10		基準建蔽率が 8/10 の場合は制限なし		
商業地域	8/10	基準建蔽率 + 1/10	制限なし		
工業地域	5/10, 6/10	基準建蔽率 + 1/10	基準建蔽率 + 1/10	基準建蔽率 + 2/10	
用途地域無指定区域	3/10, 4/10, 5/10, 6/10, 7/10	基準建蔽率 + 1/10	基準建蔽率 + 1/10	基準建蔽率 + 2/10	

＊ 一種・二種住居・準住居・準工業地域で基準建蔽率が 8/10 の場合は制限なし

Lesson ⑬ 建築基準法／高さ制限・日影規制

隣地高さ制限・日影規制

お隣に関心が低い住宅街
（隣地高さ制限なし・低層住居専用地域）

日影がない商店街
（日影規制なし・商業地域）

第一種・第二種低層住居専用地域では隣地高さ制限の適用がなく、商業地域では、原則として、日影規制の適用がない。

■道路高さ制限

- 建築物の敷地の前面道路に沿って設けられる高さが2m以下の門・塀（高さが1.2mを超えるものにあっては、当該1.2mを超える部分が網状その他これに類する形状であるもの）が設けられている場合においては、前面道路の境界線から後退した建築物に対する道路高さ制限の緩和を適用することができる。

- 前面道路の反対側に公園・広場・水面等がある場合は、当該前面道路の反対側の境界線は、当該公園・広場・水面等の反対側の境界線にあるものとみなす。

- 建築物の敷地の地盤面が前面道路より1m以上高い場合においては、その前面道路は、敷地の地盤面と前面道路との高低差から1mを減じたものの1/2だけ高い位置にあるものとみなす。

■隣地高さ制限

- 建築物の敷地の地盤面が隣地の地盤面より1m以上低い場合においては、その建築物の敷地の地盤面は、当該高低差から1mを減じたものの1/2だけ高い位置にあるものとみなす。

- 商業地域内で隣地高さ制限によりその高さが制限される建築物について天空率を適用する場合、天空率を算定する位置は、隣地境界線からの水平距離が12.4 m だけ外側の線上の政令で定める位置とする。

■北側高さ制限

- 北側の前面道路の反対側に水面・線路敷等がある場合、建築物の敷地が北側で水面・線路敷等に接する場合は、当該前面道路の反対側の境界線または当該水面・線路敷等に接する隣地境界線は、当該水面・線路敷等の幅の 1/2 だけ外側にあるものとみなす。🎯公園に接する場合は関係ない！

■日影規制

- 建築物の敷地が道路・水面・線路敷等に接する場合は、当該道路・水面・線路敷等に接する敷地境界線は、当該道路・水面・線路敷等の幅の 1/2 だけ外側にあるものとみなす。
- 当該道路・水面・線路敷等の幅が 10 m を超えるときは、当該道路・水面・線路敷等の反対側の境界線から当該敷地の側に水平距離 5 m の線を敷地境界線とみなす。
- 建築物の敷地の平均地盤面が隣地またはこれに連接する土地で日影の生ずるものの地盤面より 1 m 以上低い場合は、その建築物の敷地の平均地盤面は、当該高低差から 1 m を減じたものの 1/2 だけ高い位置にあるものとみなす。
- 同一の敷地内に 2 以上の建築物がある場合においては、これらの建築物を 1 の建築物とみなす。
- 対象区域外にある高さが 10 m を超える建築物で、冬至日において、対象区域内の土地に日影を生じさせるものは、当該対象区域内にある建築物とみなす。

日影による中高層の建築物の制限

地域・区域	制限を受ける建築物	平均地盤面からの高さ
第一種低層住居専用地域 第二種低層住居専用地域 田園住居地域	軒の高さが 7 m を超える建築物または地階を除く階数が 3 以上の建築物	1.5 m
用途地域の指定のない区域	軒の高さが 7 m を超える建築物または地階を除く階数が 3 以上の建築物	1.5 m
	高さが 10 m を超える建築物	4 m

Lesson
⑭

建築基準法
防火地域・準防火地域

防火地域と準防火地域にわたる新築

ぼかぁ　ジュン坊にまたがって
（防火地域と準防火地域にわたる）

大河を渡るよ
（耐火建築物）

防火地域と準防火地域にわたって新築
する場合は、原則として、<u>耐火建築物</u>
としなければならない。

■**耐火建築物等としなければならない特殊建築物の用途に類するもの**

①児童福祉施設等（幼保連携型認定こども園を含む）

②博物館、美術館、図書館、ボーリング場、スキー場、スケート場、水泳場、スポーツの練習場

③公衆浴場、待合、料理店、飲食店、物品販売業を営む店舗（床面積が 10 m^2 以内のものを除く）

④映画スタジオ、テレビスタジオ

■**防火地域・準防火地域内の建築物**

• 準防火地域内の建築物で、地階を除く階数が 2 以下で延べ面積が 500 m^2 以下の木造建築物は、外壁及び軒裏で延焼のおそれのある部分を防火構造としなければならない。

- 防火地域・準防火地域内の高さ 2 m 以下の門・塀、準防火地域内にある建築物（木造建築物等を除く）に附属するものは、木造とすることができる。
- 準防火地域内にある建築物のうち地階を除く階数が 2 以下で延べ面積が 500 m² 以下のものは、防火上必要な所定の基準に適合すれば、耐火建築物及び準耐火建築物以外の建築物とすることができる。

屋根

- 防火地域・準防火地域内の建築物の屋根の構造は、市街地における通常の火災による火の粉により、防火上有害な発炎をしないもの及び屋内に達する防火上有害な溶融・亀裂その他の損傷を生じないものとしなければならない。

隣地境界線に接する外壁

- 防火地域・準防火地域内の建築物で、外壁が耐火構造のものについては、その外壁を隣地境界線に接して設けることができる。

 準耐火構造ではない！

看板等の防火措置

- 防火地域内にある看板・広告塔・装飾塔等の工作物で、建築物の屋上に設けるもの、または高さ 3 m を超えるものは、その主要な部分を不燃材料で造り、または覆わなければならない。

■ **建築物が防火地域・準防火地域の内外にわたる場合の措置**

- 建築物が防火地域・準防火地域とこれらの地域として指定されていない区域にわたる場合においては、その建築物が防火地域・準防火地域外において防火壁で区画されている場合を除き、その全部についてそれぞれ防火地域・準防火地域内の建築物に関する規定を適用する。
- 建築物が防火地域及び準防火地域にわたる場合においては、その全部について防火地域内の建築物に関する規定を適用する。
- 上記の場合において、建築物が防火地域外において防火壁で区画されている場合は、その防火壁外の部分については、準防火地域内の建築物に関する規定を適用する。

ここが重要！

- 外壁を隣地境界線に接して設けることができるのは、その外壁が耐火構造のときだ！

（右側縦書き）❷章　14 建築基準法／防火地域・準防火地域

Lesson ⑮

建築基準法／用途変更・適用除外等

構造耐力

ほう、サプリ20錠で
（建築基準法第20条）
コウゾウくんの体力アップ
（構造耐力）

建築基準法第20条では、構造耐力について規定されている。

■用途変更に対する準用

- 建築物の用途を変更して法第6条第1項第一号の特殊建築物のいずれかとする場合には、確認済証の交付を受ける必要がある。
- 用途変更について確認済証の交付を受けた建築物において、当該用途の変更に係る工事を完了したときは、建築主事に届け出なければならない。

■工作物への準用

- 高さ2mを超える擁壁については、法第20条（構造耐力）の規定が準用される。

■仮設建築物に対する制限の緩和

- 工事を施工するために現場に設ける事務所（仮設建築物）を建築しようとする場合においては、確認済証の交付を受ける必要がない。

- 工事を施工するために現場に設ける事務所（仮設建築物）については、法第20条（構造耐力）の規定が適用される。
- 非常災害が発生した区域またはこれに隣接する区域で特定行政庁が指定するものの内において、被災者が自ら使用するために建築する延べ面積 30 m^2 以内の応急仮設建築物で、その災害が発生した日から 1 月以内にその工事に着手するものについては、防火地域内に建築する場合を除き、建築基準法令の規定は、適用しない。

■既存の建築物に対する制限の緩和

- 用途地域に関する都市計画の変更により、法第 48 条第 1 項から第 13 項（用途地域内の建築制限）の規定の適用を受けない既存の建築物は、政令で定める範囲内であれば増築・改築・大規模の修繕・大規模の模様替をすることができる。

■適用の除外

- 以下の建築物については、建築基準法並びにこれに基づく命令及び条例の規定を適用しない。
① 文化財保護法の規定によって国宝・重要文化財等として指定され、または仮指定された建築物
② 文化財保護法の規定により国宝等として指定された建築物であったものの原形を再現する建築物で、特定行政庁が建築審査会の同意を得てその原形の再現がやむを得ないと認めたもの

■罰則

1 年以下の懲役または 100 万円以下の罰金に処せられる者
- 法第 6 条第 1 項（建築物の建築等に関する申請及び確認）の規定、第 7 条の6 第 1 項（検査済証の交付を受けるまでの建築物の使用制限）の規定に違反した建築主
- 法第 6 条第 8 項（確認済証の交付を受けるまでの工事開始制限）の規定に違反した工事施工者

罰則の適用
- 法第 20 条（構造耐力）の規定に違反する建築物の設計及び工事監理を建築主が故意に指示し、やむを得ず建築士がそれに従って設計及び工事監理をした場合、当該建築主だけでなく、当該建築士も罰則の適用の対象となる。

Lesson ⑯ 建築士法／2級建築士

変更届

きみの名前が変わったら
（勤務先の名称変更）

知人に届けて
（都道府県知事に届出）

一緒に住むこと許してもらおう
（住所地・免許）

勤務先の名称に変更があったときは、その日から 30 日以内に、その旨を、免許を受けた都道府県知事及び住所地の都道府県知事に届け出なければならない。

■**2 級建築士にはできない設計・工事監理**

①学校・病院・劇場・映画館・観覧場・公会堂・集会場（オーディトリアムを有しないものを除く）・百貨店の用途に供する建築物で、延べ面積が 500 m² を超えるもの

②木造の建築物または建築物の部分で、高さが 13 mまたは軒の高さが 9 mを超えるもの

③鉄筋コンクリート造・鉄骨造・石造・れん瓦造・コンクリートブロック造・無筋コンクリート造の建築物または建築物の部分で、延べ面積が 300 m²、高さが 13 mまたは軒の高さが 9 mをこえるもの

④延べ面積が 1,000 m² を超え、かつ、階数が 2 以上の建築物

■**懲戒**

• 都道府県知事は、その免許を受けた 2 級建築士が業務に関して不誠実な行為をしたときは、当該 2 級建築士に対し、業務の停止、免許の取消し等の処分

をすることができる。

■設計及び工事監理

- 建築士は、工事監理を行う場合において、工事が設計図書のとおりに実施されていないと認めるときは、直ちに、工事施工者に対して、その旨を指摘し、当該工事を設計図書のとおりに実施するよう求め、当該工事施工者がこれに従わないときは、その旨を建築主に報告しなければならない。

  📌 特定行政庁に報告するのではない！

■設計の変更

- 他の2級建築士の設計した設計図書の一部を変更しようとするときは、当該2級建築士の承諾を求めなければならないが、承諾を求めることのできない事由があるとき、または承諾が得られなかったときは、自己の責任において、その設計図書の一部を変更することができる。

■業務に必要な表示行為

- 構造計算によって建築物の安全性を確かめた場合においては、遅滞なく、その旨の証明書を設計の委託者に交付しなければならない。
- 建築士は、大規模の建築物その他の建築物の建築設備に係る設計・工事監理を行う場合において、建築設備士の意見を聴いたときは、工事監理報告書において、その旨を明らかにしなければならない。

■その他の業務

- 2級建築士は、1級建築士でなければ設計・工事監理をしてはならない建築物について、原則として、建築工事契約に関する事務その他の業務を行うことができる。

■定期講習

- 2級建築士は、3年ごとに、登録講習機関が行う所定の2級建築士定期講習を受けなければならない。

■罰則

- 1級建築士でなければ設計・工事監理をしてはならない建築物の新築に係る設計をした2級建築士は、1年以下の懲役または100万円以下の罰金に処せられる。

Lesson ⑰

建築士法／建築士事務所

登録の有効期間

このトロ　消費期限 5 年
（登録）　　（有効期間 5 年）

消費期限がきれる 30 日前までは新鮮
（有効期間満了の日前 30 日までに更新登録申請）

登録の有効期間は、登録の日から起算して 5 年であり、登録更新申請は、有効期間満了の日前 30 日までに行う。

■建築士事務所の開設

- 建築士以外の者でも、建築士事務所の開設者となることができる。

■登録

- 他人の求めに応じ報酬を得て、所定の業務のいずれかを業として行おうとするときは、建築士事務所を定めて、その建築士事務所について、都道府県知事の登録を受けなければならない。
- 登録の有効期間は、登録の日から起算して 5 年であり、その更新の登録を受けようとする者は、有効期間満了の日前 30 日までに登録申請書を提出しなければならない。

■変更の届出

• 所定の事項に変更があったときは、2週間以内に、その旨を当該建築士事務所の所在地を管轄する都道府県知事に届け出なければならない。

■建築士事務所の管理

• 建築士事務所ごとに、それぞれ当該建築士事務所を管理する専任の建築士（管理建築士）を置かなければならない。

• 管理建築士は、建築士として3年以上の設計その他の国土交通省令で定める業務に従事した後、登録講習機関が行う管理建築士講習の課程を修了した建築士でなければならない。

• 建築士事務所を管理する専任の建築士が置かれていない場合、その建築士事務所の登録は取り消される。

■再委託の制限

• 委託者の許諾を得た場合においても、委託を受けた設計・工事監理の業務を建築士事務所の開設者以外の者に委託してはならない。

• 委託者の許諾を得た場合においても、委託を受けた延べ面積が 300 m² を超える建築物の新築工事に係る設計・工事監理の業務を、それぞれ一括して他の建築士事務所の開設者に委託してはならない。

■帳簿の備付け等及び図書の保存

• 建築士事務所に属する建築士が建築士事務所の業務として作成した設計図書・工事監理報告書は、作成した日から起算して15年間保存しなければならない。

■書類の閲覧

• 建築士事務所の業務の実績等を記載した書類を、当該書類を備え置いた日から起算して3年を経過する日までの間、当該建築士事務所に備え置き、設計等を委託しようとする者の求めに応じ、閲覧させなければならない。

■重要事項の説明等

• 設計受託契約・工事監理受託契約を建築主と締結しようとするときは、あらかじめ、当該建築主に対し、管理建築士等をして、設計受託契約・工事監理受託契約の内容及びその履行に関する事項について、これらの事項を記載した書面を交付して説明をさせなければならない。

Lesson
⑱

諸法令（1）

特定建築物

アパートに住んで
（共同住宅）
事務所通い
（事務所）
特別なことじゃない
（特別特定建築物ではない）

共同住宅と事務所は、特定建築物
だが、特別特定建築物ではない。

■長期優良住宅の普及の促進に関する法律

維持保全の定義

• 「維持保全」とは、住宅の基礎・壁・柱等の構造耐力上主要な部分、雨水の
浸入を防止する部分、給水・排水のための配管設備の点検または調査を行い、
必要に応じて修繕・改良を行うことをいう。

長期優良住宅建築等計画の認定申請

• 長期優良住宅建築等計画を作成し、所管行政庁の認定を申請することができ
るのは、住宅の建築をして、自らその建築後の住宅の維持保全を行おうとす
る者及び住宅の譲受人、住宅の分譲事業者である。

• 譲受人の決定に先立って当該住宅の建築に関する工事に着手する必要がある
分譲事業者は、単独で長期優良住宅建築等計画を作成し、所管行政庁の認定
を申請することができ、当該計画には建築後の住宅の維持保全に係る資金計
画を記載しなくてもよい。

認定基準等

• 長期優良住宅建築等計画の認定を受けようとする建築後の住宅の維持保全の
期間は 30 年以上でなければならない。

規模の基準

一戸建て住宅	• 住戸の少なくとも 1 の階の床面積（階段部分の面積を除く）が 40 m² 以上で、床面積の合計が 75 m² 以上。
共同住宅等	• 住戸の少なくとも 1 の階の床面積（階段部分の面積を除く）が 40 m² 以上で、1 戸の床面積の合計（共用部分の床面積を除く）が 55 m² 以上。

認定を受けた長期優良住宅建築等計画の変更
• 住宅の建築に関する工事の着手予定時期または完了予定時期の 6 月以内の変更は、所管行政庁の変更の認定を受けなくてもよい。

■高齢者、障害者等の移動等の円滑化の促進に関する法律
特別特定建築物の例

> • 物品販売業を営む店舗　• ホテル・旅館　• 飲食店　• 公衆便所
>  事務所は特別特定建築物ではない！

建築物移動等円滑化基準適合義務の対象となる特別特定建築物の規模
• 床面積の合計が 2,000 m² 以上（公衆便所は 50 m² 以上）
特定建築物（特別特定建築物を除く）の建築主等の努力義務等
• 共同住宅等の特定建築物を建築しようとする建築主等は、当該特定建築物を建築物移動等円滑化基準に適合させるために必要な措置を講ずるよう努めなければならない。
特定建築物の建築等及び維持保全の計画の認定
• 建築主等は、特定建築物の建築をしようとするときは、特定建築物の建築等及び維持保全の計画を作成し、所管行政庁の認定を申請することができる。
 国土交通大臣ではない！

■住宅の品質確保の促進等に関する法律
新築住宅の定義
•「新築住宅」とは、新たに建設された住宅で、まだ人の居住の用に供したことのないもの（建設工事の完了の日から起算して 1 年を経過したものを除く）をいう。
瑕疵担保責任の期間の伸長等
• 新築住宅の売買契約においては、売主が新築住宅の構造耐力上主要な部分等の瑕疵その他の住宅の隠れた瑕疵について担保の責任を負うべき期間を、買主に引き渡した時から 20 年以内とすることができる。

Lesson ⑲ 諸法令（2）

宅地造成

もり・かけ１名
（盛土・崖１ｍ超）

そばきり２名
（切土・崖２ｍ超）

盛土で１ｍを超える崖が生ずるもの、切土で２ｍを超える崖を生ずるものは、宅地造成に該当する。

■建設業法

建設業の許可

- 下請契約を締結して、元請負人から請け負った建設工事（軽微な建設工事を除く）のみを施工する下請負人であっても、建設業の許可を受けなければならない。
- 工事１件の請負代金の額が建築一式工事で1,500万円に満たない工事または延べ面積が150㎡に満たない木造住宅工事、建築一式工事以外の建設工事で500万円に満たない工事のみを請け負うことを営業とする者は、建設業の許可を受けなくてもよい。

一括下請負の禁止

- 共同住宅を新築する建設工事は、当該建設工事の元請負人があらかじめ発注者の書面による承諾を得た場合でも、一括して他人に請け負わせてはならない。

専任の主任技術者の設置義務

- 建設業者は、工事１件の請負代金の額が4,000万円（当該建設工事が建築一式工事である場合は、8,000万円）以上の建設工事を施工するときは、当該工事現場に置く主任技術者を専任の者としなければならない。

■建築物の耐震改修の促進に関する法律

耐震改修の定義

- 「耐震改修」とは、地震に対する安全性の向上を目的として、増築、改築、修繕、模様替もしくは一部の除却または敷地の整備をすることをいう。

計画の認定

- 建築物の耐震改修の計画が建築基準法第 6 条第 1 項の規定による確認を要するものである場合において、所管行政庁が計画の認定をしたときは、同法第 6 条第 1 項の規定による確認済証の交付があったものとみなす。

計画の変更

- 計画の認定を受けた者は、認定を受けた計画に係る耐震改修の事業の実施時期の変更のうち、事業の着手または完了の予定年月日の 3 月以内の変更をしようとするときは、所管行政庁の変更の認定を受けなくてもよい。

■都市計画法

建築の許可

- 都市計画施設の区域または市街地開発事業の施行区域内において、階数が 2 以下で、かつ、地階を有しない木造の建築物の改築・移転をする場合は、都道府県知事の許可を受けなくてもよい。

開発行為の許可

- 市街化区域内で、1,000 m^2 以上の開発行為をしようとする者は、都道府県知事の許可を受けなければならない。
- 市街化調整区域内で、農業を営む者の居住の用に供する建築物の建築の用に供する目的で行う開発行為をしようとする者は、許可を受けなくてもよい。

■宅地造成及び特定盛土等規制法

宅地造成に該当する土地の形質の変更

- 盛土をした土地に高さ 1 m を超える崖を生ずる。
- 切土をした土地に高さ 2 m を超える崖を生ずる。
- 盛土と切土を同時にして高さ 2 m を超える崖を生ずる。
- 高さ 2 m を超える盛土。
- 面積 500 m^2 を超える盛土または切土

宅地造成に関する工事の許可

- 宅地造成工事規制区域内において行われる宅地造成に関する工事については、工事主は、当該工事に着手する前に、原則として、都道府県知事の許可を受けなければならない。

Lesson ⑳

諸法令（3）

特定建設資材

コンコン鉄ちゃん
（コンクリート、コンクリート＋鉄）

ぼくは　明日来ん
（木材、アスファルト・コンクリート）

明日は、休みだ

「建設リサイクル法」の特定建設資材に該当するのは、コンクリート、コンクリート及び鉄から成る建設資材、木材、アスファルト・コンクリートの4種類である。

■土地区画整理法

• 市町村または都道府県が施行する土地区画整理事業の施行地区内において、事業計画の決定の公告があった日後、換地処分があった旨の公告のある日までは、建築物の新築・改築・増築を行おうとする者は、都道府県知事等の許可を受けなければならない。

■建設工事に係る資材の再資源化等に関する法律

特定建設資材

• コンクリート、コンクリート及び鉄から成る建設資材、木材、アスファルト・コンクリート。

分別解体等実施義務

• 床面積の合計が 500 m² 以上である特定建設資材を使用する建築物の新築工事においては、原則として、分別解体等をしなければならない。

対象建設工事の届出

- 上記対象建設工事の発注者または自主施工者は、工事に着手する日の 7 日前までに、所定の事項を都道府県知事に届け出なければならない。

■特定住宅瑕疵担保責任の履行の確保等に関する法律

- 新築住宅の建設工事の請負人である建設業者または売主である宅地建物取引業者は、原則として、瑕疵担保保証金の供託または瑕疵担保責任保険契約の締結のいずれかを行わなければならない。
- 瑕疵担保責任保険契約は、新築住宅の引渡しを受けた時から 10 年以上の期間にわたって有効でなければならない。
  注意 工事が完了した時からではない！
- 瑕疵担保責任保険契約は、国土交通大臣の承認を受けた場合を除き、変更・解除をすることができない。

■建築物のエネルギー消費性能の向上に関する法律

- 建築主は、床面積の合計が 300 m^2 以上の特定建築物以外の建築物の新築をするときは、その工事に着手する日の 21 日前までに、当該行為に係る建築物のエネルギー消費性能の確保のための構造及び設備に関する計画を所管行政庁に届け出なければならない。
- 自動車車庫の用途に供する建築物を新築しようとするときは、当該行為に係る建築物のエネルギー消費性能の確保のための構造及び設備に関する計画を所管行政庁に届け出る必要はない。

■消防法

- 住宅の用途に供される防火対象物の関係者は、住宅用防災機器の設置及び維持に関する市町村条例で定める基準に従って、住宅用防災警報器または住宅用防災報知設備を設置し、維持しなければならない。

■宅地建物取引業法

- 「宅地建物取引業」とは、宅地・建物の売買・交換、または宅地・建物の売買・交換もしくは貸借の代理・媒介をする行為で業として行うものをいい、自ら所有する不動産の賃貸及び管理をする行為は「宅地建物取引業」に該当しない。

■民法

- 境界線から 1 m 未満の距離において他人の宅地を見通すことのできる窓または縁側を設ける者は、目隠しを付けなければならない。

Lesson
01

断面の性質

長方形断面の断面二次モーメント

てーへんだ　高い山上に
（底辺×高さの3乗）

悪い12人
（わる12）

長方形断面の断面二次モーメントは、
軸に対する底辺（*b*）×高さ（*h*）の
3乗を12でわって求める。

■図心を求める式

X軸方向の図心の座標

$$x_0 = \frac{S_y}{A}$$

A：断面積
S_y：断面一次モーメント

Y軸方向の図心の座標

$$y_0 = \frac{S_x}{A}$$

A：断面積
S_x：断面一次モーメント

■断面の性質

断　面	断面積 $A(\text{cm}^2)$	重心軸より縁までの距離 $y(\text{cm})$	断面二次モーメント $I(\text{cm}^4)$	断面係数 $Z(\text{cm}^3)$
	bh	$\dfrac{h}{2}$	$\dfrac{bh^3}{12}$	$\dfrac{bh^2}{6}$
	$b(H-h)$	$\dfrac{H}{2}$	$\dfrac{b}{12}(H^3-h^3)$	$\dfrac{b}{6H}(H^3-h^3)$
	$(BH)-bh$	$\dfrac{H}{2}$	$\dfrac{1}{12}(BH^3-bh^3)$	$\dfrac{1}{6H}(BH^3-bh^3)$

■例題

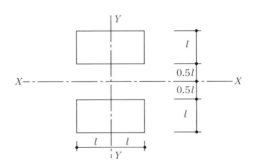

X軸に関する断面二次モーメント

$$I_x = \frac{2l \cdot (3l)^3}{12} - \frac{2l \cdot l^3}{12} = \frac{13l^4}{3}$$

Y軸に関する断面二次モーメント

$$I_y = \frac{2 \cdot l \cdot (2l)^3}{12} = \frac{4l^4}{3}$$

Lesson 02 単純梁の曲げモーメント等

単純梁のせん断力

ピンと上を指さして
（ピン支点・上方向）

足下にはローラー
（下方向・ローラー支点）

単純梁のせん断応力図は、材軸に対して、ピン支点側を＋（上）方向に、ローラー支点側を−（下）方向に描く。

■単純梁の応力の求め方

集中荷重を受ける場合

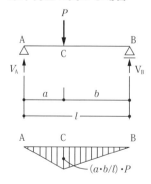

• 各支点の垂直反力を仮定し、つり合い条件式により反力を求める。

反力 V_A ＋反力 V_B −荷重 $P = 0$

$M_B = V_A \cdot l - P \cdot b = 0$

$V_A = (b / l) \cdot P$

$M_{cmax} = (b / l) \cdot P \cdot a = (a \cdot b / l) \cdot P$

等分布荷重を受ける場合

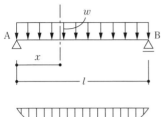

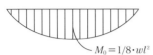

- 反力 V_A ＝反力 $V_B = \dfrac{wl}{2}$

- A 点から x の距離の曲げモーメント

$$M_x = \frac{wx\,(l - x)}{2}$$

- 梁中央の曲げモーメント

$$M_o - \frac{wl^2}{8}$$

■単純梁の反力・応力

荷　　重	反力 V　　せん断力 Q	曲げモーメント M
$V_A = V_B = \dfrac{P}{2}$　　A $\sim$ C : $Q = + \dfrac{P}{2}$　　C $\sim$ B : $Q = - \dfrac{P}{2}$		$M_{\max} = \dfrac{Pl}{4}$
$V_A = V_B = \dfrac{wl}{2}$　　$Q_A = \dfrac{wl}{2}$　　$Q_B = - \dfrac{wl}{2}$		$M_{\max} = \dfrac{wl^2}{8}$

02 単純梁の曲げモーメント等

❸章

Lesson
03

静定ラーメン

3ヒンジ式ラーメン

3人の貧児
（3ヒンジ）

間に入ってもめごと無し
（中間のヒンジのモーメントは 0）

3ヒンジ式ラーメンの中間のヒンジ
（ピン）のモーメントは 0 である。

■単純梁型ラーメン

- 架構に水平方向に外力が加わらない場合は、鉛直方向の力のつり合いで反力を求める。
- 架構に水平方向の外力が加わる場合は、ピン支点の水平方向外力が反力とつり合う。

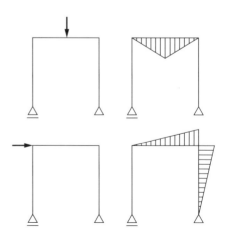

■ 3ヒンジ式ラーメン

- 両支点がピン支点、部材中間にピンが
  ある静定ラーメンを3ヒンジ式ラーメ
  ンという。
- 中間のピンは、モーメントが0になる。

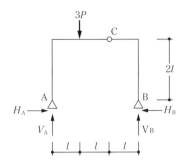

A 点・B 点の垂直反力

$$M_B = V_A \times 3l - 3P \times 2l = 0$$
$$V_A = 3P \cdot 2l / 3l = 2P$$
$$\Sigma Y = 3P - V_A - V_B = 0 \text{ より}$$
$$V_B = P$$

A 点・B 点の水平反力

$$M_C = H_B \times 2l - V_B \times l = 0$$
$$H_B = P/2 = H_A$$

■ラーメン架構のモーメント図

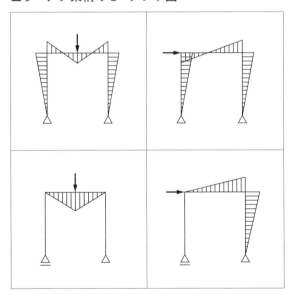

これも覚えよう

- 3ヒンジ式ラーメンの中間点におけるせん断力の絶対値は、両支点の鉛
  直反力の数値の絶対値となる。

Lesson
04

静定トラス

部材の軸方向力

家庭では
（仮定）

まずは引っ張ってみる
（引張方向）

マイなすがでたら握手
（－）　　　　　　（圧縮）

応力を求めるときは、引張方向に仮
定し、値が－（マイナス）の場合は、
仮定とは反対の圧縮方向となる。

■トラスの特徴

• トラスとは、多数の直接部材を節点で三角形状に組み合わせたものをいう。
• 節点はすべてピン（回転節点）で、曲げモーメントは生じない。
• 外力はすべて節点に作用する。
• 材はすべて直線である。

■部材の応力の求め方

① つり合い条件式から支点反力を求める。
② 応力を求めたい部材を含む断面で仮想
　切断する。

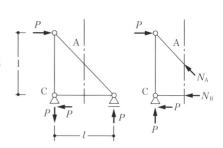

- 応力を求めたい部材 A が接合されていない節点周りのモーメントのつり合い から、部材の応力を求める。

$$\Sigma M_C = Pl - N_A \cdot (\sqrt{2} \cdot l) / 2 = 0$$

$$N_A = \sqrt{2} P \text{（圧縮）}$$

■部材の軸方向力

外力の働いていない節点に接合される部材の軸方向力

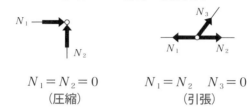

$$N_1 = N_2 = 0 \qquad N_1 = N_2 \quad N_3 = 0$$
（圧縮）　　　　　　　　（引張）

外力の働いている節点に接合される部材の軸方向力

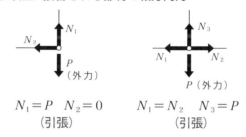

$$N_1 = P \quad N_2 = 0 \qquad N_1 = N_2 \quad N_3 = P$$
（引張）　　　　　　　　（引張）

■トラスの応力

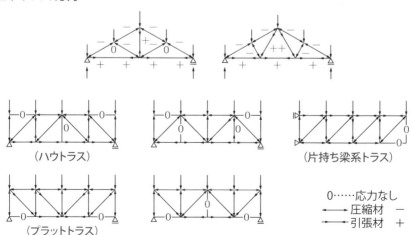

（ハウトラス）　　　　　　　　　　　　　　　　　（片持ち梁系トラス）

（プラットトラス）

0……応力なし
⟶　圧縮材　−
•⟶　引張材　＋

（右側縦帯）❸章　04　静定トラス

Lesson
05

座屈・たわみ

両輪が自由だと
（両端自由）

曲がりやすい
（座屈長さ大）

両輪が固定されていれば
（両端拘束）

曲がらないよ
（座屈長さ小）

座屈長さは、水平移動拘束の状態で、両端がピン（自由）の場合には材長で最も<u>大きく</u>、両端が固定されている場合には材長の半分で最も<u>小さい</u>。

■座屈長さ

移動に対する条件	拘　束			自　由	
回転に対する条件	両端自由	両端拘束	1端自由他端拘束	両端拘束	1端自由他端拘束
座屈形（l＝材長）					
l_k	l	$0.5l$	$0.7l$	l	$2l$

■弾性座屈荷重

弾性座屈荷重を求める式

$$N_k = \frac{\pi^2 EI}{l_k^{\,2}}$$

E：ヤング係数

I：弱軸に関する断面二次モーメント

l_k：座屈長さ

- 弾性座屈荷重は、材料のヤング係数に比例する。
- 弾性座屈荷重は、柱の断面二次モーメントに比例する。
- 弾性座屈荷重は、柱の座屈長さの2乗に反比例する。
- 弾性座屈荷重は、柱の曲げ剛性に比例する。
- 弾性座屈荷重は、柱の両端の支持条件がピンの場合より固定の場合のほうが大きい。

■梁のたわみ

荷　　　　　重 せん断力図 曲げモーメント図	最大たわみ（δ_{max}）	荷　　　　　重 せん断力図 曲げモーメント図	最大たわみ（δ_{max}）
	$\dfrac{1}{3} \cdot \dfrac{Pl^3}{EI}$（A点）		$\dfrac{1}{48} \cdot \dfrac{Pl^3}{EI}$（C点）
	$\dfrac{1}{8} \cdot \dfrac{wl^4}{EI}$（A点）		$\dfrac{5}{384} \cdot \dfrac{wl^4}{EI}$（中央）

これも覚えよう

- 集中荷重を受ける梁のたわみは、材長の3乗に比例し、等分布荷重を受ける梁のたわみは、材長の4乗に比例する。

Lesson 06

構造計算における荷重・外力

屋根の積雪荷重

頭の白髪も
（屋根の積雪荷重）

60歳超えたら0本に
（勾配60度超・0）

屋根の積雪荷重は、屋根に雪止めがある
場合を除き、その勾配が60度を超える
場合は、零とすることができる。

■積載荷重

(建基令)

構造計算の対象 室の種類		(い) 床の構造計算をする場合（単位N／m²)	(ろ) 大ばり、柱又は基礎の構造計算をする場合（単位N／m²)	(は) 地震力を計算する場合（単位N／m²)
(一)	住宅の居室、住宅以外の建築物における寝室又は病室	1,800	1,300	600
(二)	事務室	2,900	1,800	800
(三)	教室	2,300	2,100	1,100
(四)	百貨店又は店舗の売場	2,900	2,400	1,300
(五)	劇場、映画場、演芸場、観覧場、公会堂、集会場その他これらに類する用途に供する建築物の客席又は集会室　固定席の場合	2,900	2,600	1,600
	その他の場合	3,500	3,200	2,100
(六)	自動車車庫及び自動車通路	5,400	3,900	2,000
(七)	廊下、玄関又は階段	(三) から (五) までの室に通ずるものにあっては、(五) の「その他」の数値による。		
(八)	屋上広場又はバルコニー	(一) の数値による。ただし、学校又は百貨店の用途に供する建物にあっては、(四) の数値による。		

- 各階が事務室である建築物において、柱の垂直荷重による圧縮力を計算する場合、積載荷重は、その柱が支える床の数に応じて低減することができる。
- 倉庫業を営む倉庫の床の積載荷重は、実況に応じて計算した値が 3,900N／m² 未満の場合であっても、3,900N／m² として計算する。

同一の室に用いる積載荷重

「床の計算用」＞「大梁及び柱の計算用」＞「地震力の計算用」

床の単位面積当たりの積載荷重

「百貨店・店舗の売場」＞「教室」

■積雪荷重

- 屋根の積雪荷重は、屋根に雪止めがある場合を除き、その勾配が 60 度を超える場合は、零とすることができる。
- 屋根面の積雪量が不均等となるおそれのある場合には、その影響を考慮して積雪荷重を計算しなければならない。
- 多雪区域においては、長期に生ずる力の計算に用いる積雪荷重は、短期に生ずる力の計算に用いる積雪荷重の 0.7 倍の数値とする。
- 多雪区域における地震時の計算に用いる積雪荷重は、短期の積雪荷重の 0.35 倍の数値とする。

■風圧力

- 風圧力の計算に用いる速度圧は、地盤面からの高さが高い部位ほど大きい。
- 風圧力を計算に用いる速度圧は、その地方において定められた風速の 2 乗に比例する。　⚡注意⚡平方根に比例するのではない！
- 風圧力を計算する場合、閉鎖型及び開放型の建築物の風力係数は、原則として、建築物の外圧係数から内圧係数を減じた数値とする。
- 建築物の屋根版に作用する風圧力と、屋根葺き材に作用する風圧力は、それぞれ個別に計算する。
- 風圧力が作用する場合の応力算定においては、一般に、地震力が同時に作用しないものとして計算する。

 これも覚えよう

- 許容応力度等計算において、多雪区域に指定された区域外では、地震時の短期に生ずる力は、常時の長期に生ずる力に地震力によって生ずる力を加えたものである。

Lesson
07

構造計算における
設計用地震力

振動特性係数

前歯が長いほど
(T)
ラットは小さくなる
(R_t)

設計用一次固有周期 T が長いほど、
振動特性係数 R_t は小さくなる。

■地震力の計算

標準せん断力係数 C_o

- 許容応力度計算を行う場合においては 0.2 以上とし、必要保有水平耐力を計算する場合においては 1.0 以上とする。
- 許容応力度等計算において、地盤が著しく軟弱な区域として指定された区域内の木造の建築物の場合は、原則として、0.3 以上とする。

地震層せん断力係数 C_i

- 建築物の地上部分においては、一般に、上階になるほど大きくなる。
- 地震層せん断力係数の建築物の高さ方向の分布を示す数値 A_i は、一般に、上階になるほど大きくなる。

建築物の設計用一次固有周期 T

- 建築物の高さが同じであれば、一般に、鉄筋コンクリート造より木造や鉄骨造のほうが長い。

振動特性係数 R_t

- 建築物の設計用一次固有周期及び地盤の種別に応じて算出し、一般に、固有周期が長くなるほど小さくなる。

地震地域係数 Z

- 過去の震害の程度及び地震活動の状況などに応じて、地域ごとに 1.0 から 0.7 までの範囲内において定められている。

建築物の地上部分の地震力

- 多雪区域に指定された区域外においては、建築物各部分の高さに応じて、当該高さの部分が支える固定荷重と積載荷重との和に、当該高さにおける地震層せん断力係数 C_i を乗じて計算する。

建築物の地下部分の地震力

- 当該部分の固定荷重と積載荷重との和に、水平震度 k を乗じて計算する。

■建築物の地上部分の地震力と関係する要素

- 建築物の高さ
- 建築物の重量
- 建築物の積載荷重
- 建築物の構造種別
- 建設地の地盤の種別
- 建設地の地盤周期
- 建設地の多雪区域の指定の有無

　建設地の地表面粗度区分は関係が少ない！

■地震力を表す式

地上部分

$$Q_i = C_i \cdot W_i$$

　　Q_i：その層における地震力

　　C_i：地震層せん断力係数

　　W_i：その層以上の重量

地下部分

$$F = W \cdot k$$

　　F　：地下部分における地震力

　　W　：各部分の重量

　　k　：水平震度

❸章

07 構造計算における設計用地震力

Lesson
08

地盤・基礎構造

洪積層・沖積層

高校生は
(洪積層)

中学生より年上
(沖積層)

さすが

しっかりしてる！
(支持力が大きい)

洪積層は沖積層より<u>古い地層</u>で、<u>支持地盤</u>として適している。

■地盤

- 沖積層は、一般に軟弱地盤であり、支持地盤として安定している洪積層に比べて支持力不足や地盤沈下が生じやすい。

地盤の長期許容応力度

  岩盤 ＞ 密実な砂質地盤 ＞ 粘土質地盤

- 標準貫入試験による N 値が同じ場合、砂質地盤より粘土質地盤のほうが大きい。

液状化

- 地下水位が高く、緩く堆積した砂質地盤は、地震時に液状化しやすい。

■基礎

- 同一の建築物において、異種の基礎を併用することは、できるだけ避ける。

根入れ深さ

- 地盤の支持力は、基礎底面の位置（根入れ深さ）が深いほど大きくなる。
- 建築物が水平力を受けた場合に横移動・浮上がりをしない深さを確保する。

- 地盤が凍結する地域における基礎底面の位置（根入れ深さ）は、地盤の凍結する深さよりも深くする。

直接基礎

- 底盤の位置は、原則として、支持地盤以下とし、かつ、表土層以下で土の含水変化・凍結のおそれの少ない深さとする。

フーチング基礎

- フーチングによって上部構造からの荷重を支持する基礎であり、独立基礎、複合基礎、連続基礎の 3 種類がある。
- 独立基礎は、布基礎やべた基礎に比べて、不同沈下の抑制に不利である。

布基礎

- 地盤の長期許容応力度が 70 kN / m² 以上であり、かつ、不同沈下等の生ずるおそれのない地盤にあり、基礎に損傷を生ずるおそれのない場合は、無筋コンクリート造とすることができる。

杭基礎

- 木杭を使用する場合には、腐朽防止のため、常水面以下の深さに確実に配置する。

基礎梁

- 基礎梁の剛性を大きくすることは、不同沈下の抑制のために有効である。

■用語

圧密	・粘性土が、荷重の作用によって、長い時間をかけて排水しながら体積を減少させる現象。
液状化	・水で飽和した砂質土等が、振動・衝撃等による間隙水圧の上昇によって、せん断抵抗を失う現象。
直接基礎	・基礎スラブからの荷重を直接地盤に伝える形式の基礎。
負の摩擦力	・軟弱地盤等において、周囲の地盤が沈下することによって、杭の周面に下向きに作用する摩擦力。
ボイリング	・砂中を上向きに流れる水流圧力によって、砂粒がかきまわされ湧き上がる現象。

これも覚えよう

- 土の粒径の大小関係は、砂 ＞ シルト ＞ 粘土である。

Lesson
09

木造建築物の部材等

方づえ・火打梁

頬づえついて入れ墨
（方づえ）　　　　　（入隅）

火打石は　水平に
（火打梁）　　（水平構面）

方づえは柱と横架材の入隅部分に
用い、火打梁は水平構面の隅角部
に用いる。

■屋根・小屋組

棟木	• 母屋とともに垂木を受け、小屋組の頂部に桁行方向に取り付ける部材
鼻母屋 （はなもや）	• 最も軒に近い位置にある母屋
鼻隠 （はなかくし）	• 軒先で垂木の端部などを隠すために取り付ける横板
広小舞 （ひろこまい）	• 垂木の振れ止め及び軒先の瓦の納まりを目的として垂木の先端に取り付ける幅の広い部材
面戸板 （めんどいた）	• 垂木と垂木の間で野地板と軒桁との間にできる隙間をふさぐために用いる板材
破風板 （はふいた）	• 切妻屋根や入母屋屋根などの妻側に山形に取り付けられた板材
隅木	• 寄棟や入母屋などの小屋組で隅棟部分を支える斜めに登る部材

飛び梁	• 寄棟などの小屋組で隅木を受ける母屋の出隅交差部を支える小屋束を立てるために軒桁と小屋梁の間に架け渡す横架材
真束 （しんづか）	• 小屋組（洋小屋）の中央で棟木・合掌を受ける部材または陸梁を吊る部材

■柱・床組

地貫	• 1階の柱の最下部に通す貫
貫	• 2階以上の床の位置で柱を相互につなぐために用いる横架材
根太 （ねだ）	• 大引や床梁の上に直角方向に架け渡し、床板を受けるために用いる横架材
方づえ	• 柱と横架材の交差する入隅部分で柱と横架材とを斜めに結合して隅を固める部材
火打梁	• 小屋組・床組における水平構面において、斜めに入れて隅角部を固める部材

■和室

鴨居	• 和風建築の開口部の上部を構成する溝付きの水平部材
長押	• 鴨居の上端に水平に取り付けられる化粧造作材
無目 （むめ）	• 鴨居・敷居と同じ位置に設ける建具用の溝のない部材
落し掛け	• 床の間の前面垂れ壁の下端に取り付ける部材
ぞうきんずり	• 床の間の地板と三方の壁とが接する部分に用いる細い部材

■その他

ささら桁	• 階段の段板を受けるために上端を段形に切り込み、斜めに架ける部材
野縁 （のぶち）	• 天井板張りなどの下地に用いる細長い部材
竿縁 （さおぶち）	• 板張りの天井板を支え、天井化粧として設けられる細い部材
雇いざね	• 2枚の板をはぎ合わせるときに、相互の板材の側面の溝に接合のためにはめ込む細長い材
敷目板	• 壁板などの継目の裏に取り付けた幅の狭い板材
上がり框 （かまち）	• 玄関等の上がり口の床の縁に取り付けられた化粧材

Lesson ⑩

木造2階建て建築物の構造設計

真壁造の壁倍率

真壁くんの壁ドンは

突きぬけて
（貫）
大ウケ
（受材）

ボードの種類が同じ場合、真壁造の壁倍率は、貫タイプより受材タイプのほうが大きい。

■曲げ材

- 曲げ材端部の支持点付近の引張側に設ける切欠きの深さ（高さ）は、材せいの1/3以下とする。
- 曲げ材の材長中央部の引張側における切欠きは、できるだけ避ける。
- 曲げ材は、材幅に比べて材せいが大きいほど、横座屈は生じやすい。

■筋かい・柱

- 圧縮力を負担する筋かいは、厚さ30mm以上、幅90mm以上の木材を使用する。
- 引張力を負担する筋かいは、厚さ15mm以上、幅90mm以上の木材、または径9mm以上の鉄筋を使用する。
- 筋かいと間柱が交差する部分では、間柱のほうを欠き込む。

- 同じ構面内の同種の筋かいは、傾きの方向が同じ向きとならないように配置する。
- 水平力が作用した場合に生じる柱の浮き上がり軸力は、柱の位置に応じて、水平力時の柱軸力を低減して算定する。
- 柱の断面及びその仕口の設計においては、鉛直荷重と水平荷重を考慮する。

■耐力壁

- 耐力壁線上に釣り合いよく配置し、隅角部を補強する。
- 2階の耐力壁の位置は、1階の耐力壁の位置の直上または市松状の配置となるようにする。
- 構造用合板による真壁造の面材耐力壁の倍率は、貫タイプより受材タイプのほうが大きい。
- 構造用面材と筋かいを併用する軸組の倍率は、それぞれの倍率の和が5を超えることはできない。
- 耐力壁線相互の距離は、原則として、12 m以下とし、耐力壁線により囲まれた部分の水平投影面積は40 m^{2}以下とする。

風圧力に対して必要な耐力壁の有効長さ

- 桁行方向に細長い建築物の場合、必要な耐力壁の有効長さは、桁行方向より梁間方向のほうが長い。
- 有効長さを求める場合、2階建の建築物の2階部分の見付面積に乗ずる数値は、平家建の建築物の見付面積に乗ずる数値と同じである。

地震力に対して必要な耐力壁の有効長さ

- 一般に、屋根葺材の種類によって異なる。
- 多雪区域の場合、垂直積雪量に応じて割り増した値とする。

■アンカーボルト

- 土台は、アンカーボルトにより基礎に緊結する。
- アンカーボルトは、呼び径12 mm以上、長さ350 mm以上のものを使用する。
- アンカーボルトは、土台の切れ箇所や土台の継ぎ手・仕口箇所の上木端部に設置する。

ここが重要！

- 2階の耐力壁の位置は、1階の耐力壁の位置の直上または市松状になるようにする！

Lesson ⑪

木質構造の接合

1面せん断接合の材厚

区議がキューバに取材
<u>（釘）</u> <u>（9倍）</u> <u>（有効主材厚）</u>

即座に 狼狽
<u>（側材厚）</u> <u>（6倍）</u>

木材と木材の1面せん断接合に釘を用いる場合は、有効主材厚を9倍以上とし、側材厚を6倍以上とする。

■木材と木材の1面せん断接合

・釘を用いる場合は、有効主材厚は釘径の9倍以上とし、側材厚は釘径の6倍以上とする。

・木ねじを用いる場合は、有効主材厚は木ねじの呼び径の6倍以上とし、側材厚は木ねじの呼び径の4倍以上とする。

■釘接合・木ねじ接合

・引張材の端部接合部において、加力方向に釘を1列に10本以上並べて打ち付ける場合は、釘接合部の許容せん断耐力を低減する。

・木ねじ接合部は、釘接合部に比べて変形性能が小さい。

・構造耐力上主要な部分においては、釘や木ねじを引抜方向に抵抗させることは、できるだけ避ける。

■ボルト接合

- 接合部が降伏する前に、木材に割裂・せん断・引張り等による脆性的な破壊が生じないようにする。
- せん断を受けるボルトの間隔は、木材の繊維に対する加力方向の違いにより異なるものとする。　🎯一定のものとするのではない！

■ドリフトピン接合

- ボルト接合と異なり、降伏後の耐力上昇が期待できないため、終局せん断耐力は降伏耐力とほぼ同じ値となる。
- 先孔の径は、ドリフトピンと先孔との隙間により構造部に支障をきたす変形を生じさせないため、ドリフトピンの径と同径とする。

■メタルプレートコネクター接合

- プレート圧入時の木材は、気乾状態である必要がある。
- 木材同士の突付け部分は、密着させる。

■ラグスクリュー接合

- 木口に打ち込んだ場合の許容せん断耐力は、側面打ちの場合の値の 2/3 とする。

■接合の注意点

- 施工時の木材の含水率が 20 ％以上の場合は、接合部の許容耐力を低減する。
- 同一の接合部に力学特性の異なる接合法を併用する場合の許容耐力は、どちらか一方の許容耐力とする。
  🎯個々の接合法の許容耐力を加算するのではない！

■接合金物とその用途の組合せ

かど金物	・隅柱と土台など、引張を受ける柱と横架材の接合
かね折り金物	・隅部の通し柱と胴差の接合
短ざく金物	・管柱相互、胴差相互の接合
羽子板ボルト	・小屋梁と軒桁の接合
筋かいプレート	・筋かいと柱の接合
メタルプレートコネクター	・トラスを構成する部材同士の接合

Lesson
⑫ 鉄筋コンクリート構造（1）

せん断破壊・曲げ破壊

1000 段のぼる前に
（せん断破壊）
膝曲げストレッチ
（曲げ破壊）

せん断破壊は、曲げ破壊よりも
先行しないようにする。

■構造設計

- 部材の曲げモーメントに対する断面算定では、一般に、コンクリートの引張
  応力度を無視する。

- 部材のせん断破壊は、脆性的な破壊であり、建築物の崩壊につながるおそれ
  があるので、曲げ破壊よりも先行しないように設計する。

- 許容応力度設計において、圧縮力の働く部分では、鉄筋に対するコンクリー
  トのかぶり部分も圧縮力を負担するものとして設計する。

- 四周を梁で支持されている床スラブの厚さが、短辺方向における有効張り間長
  さの1/30以下の場合は、建築物の使用上の支障が起こらないことについて確
  かめる必要がある。

- 梁とスラブのコンクリートを一体に打ち込む場合、両側にスラブが付く梁の
  剛性については、スラブの有効幅を考慮したT形梁として計算する。

■梁

- 梁の引張鉄筋比が、釣り合い鉄筋比以下の場合、梁の許容曲げモーメントは、引張鉄筋の断面積にほぼ比例する。
- 長方形梁の許容曲げモーメントは、圧縮縁がコンクリートの許容圧縮応力度に達したとき、または引張側鉄筋が鉄筋の許容引張応力度に達したときに対して算出される値のうち、小さいほうの数値とする。
- 梁のせいは、建築物に変形・振動による使用上の支障が起こらないことを計算によって確かめた場合を除き、梁の有効長さの1/10を超える値とする。
- クリープによって、コンクリートの圧縮縁応力は増加しないが、圧縮鉄筋の応力は増加するため、梁の圧縮鉄筋は、クリープたわみの抑制や地震時における靭性の確保に有効である。

■柱

- 柱は、負担している軸方向圧縮力が大きくなると、靭性が小さくなる。
- 普通コンクリートを用いた柱の小径は、その構造耐力上主要な支点間の距離の1/15以上とする。
- 柱の帯筋の間隔は、柱の中央部より上下端付近を密にする。
- 袖壁付きの柱のせん断補強筋比は、原則として、0.3％以上とする。
- 柱の靭性を増すうえで、スパイラル筋は、端部に135°フックを有する帯筋よりも効果が大きい。

■その他

- 床スラブ各方向の全幅について、コンクリート全断面積に対する鉄筋全断面積の割合は、0.2％以上とする。
- 耐震壁の壁板のせん断補強筋比は、縦筋と横筋のそれぞれについて0.25％以上とする。
- 帯筋・あばら筋は、せん断ひび割れの発生を抑制するものではないが、ひび割れの伸展を防止し、部材のせん断終局強度を増大させる効果がある。

ここが重要！

- 帯筋・あばら筋は、せん断ひび割れの発生の抑制を主な目的として設けるのではない！

Lesson
⓭

鉄筋コンクリート構造 (2)

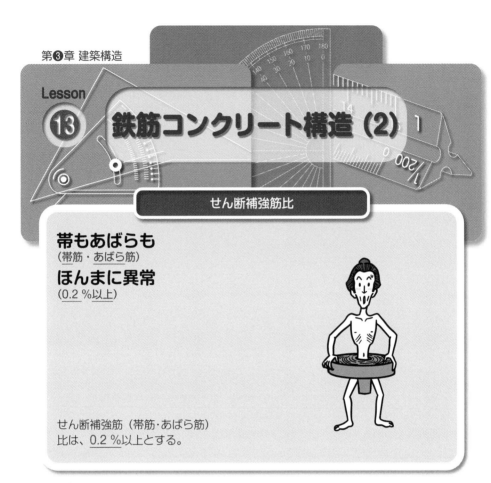

| せん断補強筋比 |

帯もあばらも
（帯筋・あばら筋）

ほんまに異常
（0.2 %以上）

せん断補強筋（帯筋・あばら筋）
比は、0.2 %以上とする。

■梁の配筋

- 梁の圧縮鉄筋は、長期荷重によるクリープたわみの抑制及び地震時における
  靭性の確保に有効であり、全スパンにわたって複筋梁とする。
- 梁のせん断補強筋比は、0.2 %以上とする。

■柱の配筋

- 柱の帯筋は、せん断補強、内部のコンクリートの拘束及び主筋の座屈防止に
  有効である。
- 耐震壁の開口に近接する柱（開口端から柱端までの距離が 300 mm 未満）の
  せん断補強筋比は、原則として、0.4 %以上とする。

■柱梁接合部の配筋

- 柱梁接合部における帯筋比は、0.2 % 以上とする。
- 柱梁接合部内の帯筋の間隔は、原則として、150 mm 以下、かつ、その接合部に隣接する柱の帯筋間隔の 1.5 倍以下とする。
- ラーメン構造の中間階における内柱の柱梁接合部において、大梁主筋を通し配筋とする場合は、接合部内で大梁主筋が付着劣化をしないことを確かめる必要がある。

■定着

- 帯筋の末端部は、135°以上に折り曲げて定着させるか、または相互に溶接する。
- 柱の出隅部分に設ける主筋は、異形鉄筋を用いる場合でも、直線定着としてはならない。

■継手

- 鉄筋の継手は、原則として、部材に生じる応力の小さい箇所で、かつ、常時はコンクリートに圧縮応力が生じている部分に設ける。
- フック付き重ね継手の長さは、鉄筋相互の折曲げ開始点間の距離とする。
- 帯筋に用いるスパイラル筋の重ね継手の末端に 90°フックを設ける場合の余長は、鉄筋の径（異形鉄筋では呼び名に用いた数値）の 12 倍以上とする。
- D35 以上の異形鉄筋の継手には、原則として、重ね継手を用いてはならない。
- 鉄筋の径（呼び名の数値）の差が 7 mm を超える場合には、原則として、ガス圧接継手を設けてはならない。
- ガス圧接継手において、圧接箇所は鉄筋の直線部とし、曲げ加工部及びその付近を避ける。

■せん断補強筋比を求める式

$$P_w = \frac{a_w}{b \cdot x}$$

a_w ：1 組のせん断補強筋の断面積
b ：梁幅・柱幅
x ：せん断補強筋間隔

Lesson ⑭ 壁式鉄筋 コンクリート造ほか

補強コンクリートブロック造

ブロックで囲まれた！
（耐力壁の中心線で囲まれた部分）

コートのカバーは

水兵６人で十分
（水平投影面積 60 m² 以下）

補強コンクリートブロック造の耐力壁の中心線で囲まれた部分の水平投影面積は、60 m² 以下とする。

■壁式鉄筋コンクリート造 2 階建て住宅の基準

構造耐力上主要な部分のコンクリートの設計基準強度	• 18 N / mm² 以上
せん断補強筋比	• 0.2 ％以上
壁梁	• 主筋に D13 以上を用い、梁せいを 45 cm 以上とする。
耐力壁の最小厚さ	• 15 cm かつ $h/22$
耐力壁の実長	• 45 cm 以上かつ同一の実長を有する部分の高さの 30 ％以上
1 階部分の耐力壁の縦筋・横筋の鉄筋比	• 0.15 ％以上

• 2 階にバルコニーを計画する場合、1 階の地震力に対する壁量算定用床面積は、1 階の外周の耐力壁の中心線で囲まれる面積に、当該バルコニーの床面積の 0.4 倍を加えたものとする。

■補強コンクリートブロック造の基準

- 耐力壁の横筋が異形鉄筋の場合、耐力壁の端部以外の部分における横筋の末端は、かぎ状に折り曲げなくてもよい。
- 耐力壁の縦筋は、溶接接合によれば、コンクリートブロックの空洞部内で継ぐことができる。
- 耐力壁の端部に縦方向に設ける鉄筋の径は、12 mm 以上とする。
- 耐力壁の端部及び隅角部は、原則として、現場打ちコンクリートで壁体の縁部分を形成する構造とする。
- 耐力壁の端部において、他の耐力壁または構造耐力上主要な部分である柱に接着する場合は、溶接する場合を除き、定着長さを径の 25 倍以上とする。
- 耐力壁の中心線により囲まれた部分の水平投影面積は、60 m² 以下とする。
- 耐力壁の厚さは、15 cm 以上で、かつ、その耐力壁に作用するこれと直角な方向の水平力に対する構造耐力上主要な支点間の水平距離の 1 / 50 以上とする。
- 各階の張り間方向及び桁行方向に配置する耐力壁の長さのそれぞれの方向についての合計は、その階の床面積 1 m² につき 15 cm 以上とする。
- 上階の耐力壁は、原則として、下階の耐力壁の直上に配置する。
- 耐力壁の壁頂には、鉄筋コンクリート造の臥梁を設ける。

空洞ブロックの圧縮強さ

　A 種 ＜ B 種 ＜ C 種

- B 種・C 種コンクリートブロック造の建築物の軒の高さは、11 m 以下とする。

■耐力壁の厚さ（学会規準）

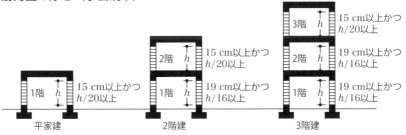

3階　15 cm以上かつ h/20以上
2階　19 cm以上かつ h/16以上
1階　19 cm以上かつ h/16以上
3階建

2階　15 cm以上かつ h/20以上
1階　19 cm以上かつ h/16以上
2階建

1階　15 cm以上かつ h/20以上
平家建

ここが重要！

- 耐力壁の厚さは、施行令では「水平支点間距離」を基に、学会規準では「階高」を基に算出される。問題文でどの数値が示されているか、気をつけよう。

Lesson
⑮

鉄骨構造

根巻き形式の柱脚

寝巻きを着たときの高さは
（根巻き鉄筋コンクリートの高さ）

柱につけた背の2.5倍、異常
（柱せいの2.5倍以上）

柱下部の根巻き鉄筋コンクリートの
高さは、柱せいの2.5倍以上とする。

■鋼材の許容応力度

・形鋼の許容応力度設計において、板要素の幅厚比が制限値を超える場合は、
制限値を超える部分を無効とした断面で検討する。

・構造用鋼材の短期許容応力度は、圧縮・引張り・曲げ・せん断にかかわらず、
それぞれの長期許容応力度の1.5倍とする。

■鋼材の性質

・横座屈のおそれがある曲げ材の許容曲げ応力度は、曲げ材の細長比が大きい
ものほど小さい。

・鉄骨部材は、平板要素の幅厚比や鋼管の径厚比が大きいものほど、局部座屈
を起こしやすい。

・H形鋼は、板要素の幅厚比が小さいものほど、局部座屈が生じにくい。

- 軽量形鋼は、板要素の幅厚比が大きいので、ねじれや局部座屈を起こしやすい。
- 鋼材に多数回の繰返し荷重が作用する場合、応力の大きさが降伏点以下の範囲であっても破断することがある。

■圧縮材

- 圧縮材の中間支点の補剛材については、圧縮力の2％以上の集中横力が補剛骨組に加わるものとして検討する。
- 圧縮材においては、細長比が大きい部材ほど、座屈の許容応力度は小さい。

■柱・梁

柱材

- 柱の設計においては、軸方向力と曲げモーメントによる組合せ応力を考慮する。
- 圧縮力を負担する構造耐力上主要な柱の有効細長比は、200以下とする。

梁材

- 長期に作用する荷重に対する梁材のたわみは、通常の場合はスパンの1 / 300以下とし、片持ち梁の場合はスパンの1 / 250以下とする。
- H形鋼の梁においては、せん断力の大部分をウェブで、曲げモーメントの大部分をフランジで負担する。
- H形鋼の梁の横座屈を拘束するために、圧縮側フランジに補剛材を配置する。
- H形鋼の梁が、強軸まわりに曲げを受ける場合、梁の細長比が大きいほど許容曲げ応力度が小さくなる。

■柱脚

根巻き形式	・柱下部の根巻き鉄筋コンクリートの高さは、柱せいの 2.5 倍以上とする。
埋込み形式	・柱幅（柱の見付け幅のうち大きいほう）の 2 倍以上の埋込み深さを確保する。 ・中柱の埋込み柱脚においては、埋込み深さが浅い場合、パンチングシヤー破壊が生じやすい。
露出形式	・アンカーボルトの基礎に対する定着長さをアンカーボルトの径の 20 倍以上とする。 ・アンカーボルトの設計において、柱脚に引張力が作用する場合、引張力とせん断力との組合せ応力を考慮する。

Lesson ⑯

鉄骨構造の接合

溶接部の有効面積

長崎に
（有効長さ）

ゆうこのどアップ
（有効のど厚）

ゆうこ赤面
（有効面積）

隅肉溶接の溶接部の有効面積は、「溶接の <u>有効長さ</u>×<u>有効のど厚</u>」により算出する。

■隅肉溶接

隅肉サイズ	・薄いほうの母材の厚さ以下
溶接部の有効のど厚	・隅肉サイズの 0.7 倍
隅肉溶接の溶接部の有効面積	・有効長さ×有効のど厚
溶接の有効長さ	・溶接の全長（まわし溶接を含む）－サイズの 2 倍
応力を伝達する溶接の有効長さ	・隅肉サイズの 10 倍以上かつ 40 mm 以上
溶接継目ののど断面に対する許容引張応力度	・突合せ溶接による溶接継目の許容引張応力度の 1/√3 倍

■溶接施工上の注意事項

・重ね継手において、かど部で終わる側面隅肉溶接または前面隅肉溶接を行う場合、連続的にそのかどをまわして溶接し、まわし溶接の長さは、隅肉サイズの 2 倍を原則とする。

- 1つの継手に突合せ溶接と隅肉溶接を併用する場合、それぞれの応力は、各溶接継目の許容耐力に応じて分担させることができる。
- 異種の鋼材を溶接する場合、接合部の耐力は、接合される母材の許容応力度のうち、小さいほうの値を用いて計算する。
- 溶接線の交差を避けるために、スカラップを設ける。
- 柱梁接合部において、スカラップは、応力集中により部材の破断の原因となることがあるので、スカラップを設けない方法をとる。
- 隅肉溶接においては、接合しようとする母材間の角度が60度以下、または120度以上である場合、溶接部に応力を負担させてはならない。
- 溶接継目ののど断面に対する短期許容引張応力度は、長期許容引張応力度の1.5倍である。

■ボルト接合
- 構造耐力上主要な部分である鋼材の接合をボルト接合とする場合には、ボルトが緩まないように、戻り止めの措置を講じなければならない。
- 1つの継手に高力ボルトと普通ボルトを併用する場合は、全応力を高力ボルトが負担するものとして設計する。
- 1つの継手に高力ボルト摩擦接合と溶接接合とを併用する場合において、高力ボルト摩擦接合が溶接接合より先に施工されるときは、高力ボルト摩擦接合と溶接接合の両方の耐力を加算することができる。

高力ボルト摩擦接合
- 許容応力度は、締め付けられる鋼材間の摩擦力のみによって応力が伝達されるものとして計算する。
- ボルト孔の中心間の距離は、公称軸径の2.5倍とする。
- 2面摩擦とする場合の許容せん断力は、1面摩擦とする場合の許容せん断力よりも大きい。
- 高力ボルト摩擦接合において、両面とも摩擦面としての処理を行ったフィラープレートは、接合する母材の鋼種にかかわらず、400 N/mm² 級の鋼材でよい。

これも覚えよう

- 柱の継手の接合用ボルト、高力ボルト及び溶接は、原則として、継手部の存在応力を十分に伝え、かつ、部材の各応力に対する許容力の1/2を超える耐力とする。

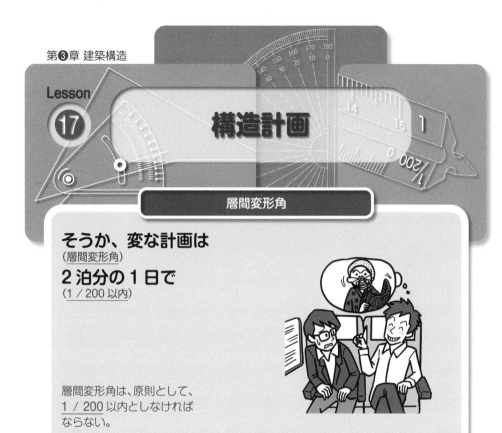

Lesson ⑰

構造計画

層間変形角

そうか、変な計画は
（層間変形角）

２泊分の１日で
（1 / 200 以内）

層間変形角は、原則として、
1 / 200 以内としなければ
ならない。

■構造計画

- 建築物は、屋根や床の面内剛性を高くし、地震力や風圧力などの水平力に対して建築物の各部が一体となって抵抗できるように計画する。
- 建築物の固有周期は、構造物としての剛性が同じであれば、質量が大きいほど長くなる。
- エキスパンションジョイントのみで接している複数の建築物については、それぞれ別の建築物として構造計算を行う。

剛性率	・「各階における層間変形角の逆数」を「全階の層間変形角の逆数の平均値」で除した値。 ・その値が小さいほど、その階に損傷が集中する危険性が高い。
偏心率	・「各階の重心と剛心との距離（偏心距離）」を「当該階の弾力半径」で除した値。 ・その値が大きいほど、その階において特定の部材に損傷が集中する危険性が高い。

木造建築物

- 同じ構面内の同種の筋かいは、傾きの方向が**左右対称**となるように配置する。
- 水平方向の剛性を高めるためには火打材を、たわみを減少させるためには方づえを用いて補強する。

鉄筋コンクリート造の建築物

- 構造設計においては風圧力よりも**地震力**に対する検討が重要となる。
- 地震力に対して十分な量の耐力壁を配置した場合、柱については鉛直荷重及び**水平力**を確認する必要がある。
- 小梁付き床スラブについては、小梁の過大なたわみ及び大梁に沿った床スラブの過大なひび割れを防止するため、小梁に十分な**曲げ剛性**を確保する。
- 袖壁、腰壁は非耐力壁として考えるが、偏心率の算定に当たっては考慮する必要がある。
- 柱と腰壁との間に耐震スリットを設けることは、柱の脆性破壊の防止に有効である。
- ピロティ階の必要保有水平耐力は、「剛性率による割増係数」と「ピロティ階の強度割増係数」のうち、大きいほうの値を用いて算出する。

鉄骨構造

- 柱梁接合部パネルより**柱・梁**のほうが先に降伏するように設計する。

■鉄筋コンクリート構造と鉄骨構造の比較

固有周期	鉄筋コンクリート構造 ＜ 鉄骨構造
水平力に対する剛性	鉄筋コンクリート構造 ＞ 鉄骨構造

■その他の留意点

- 杭基礎においては、根入れの深さが 2 m 以上の場合に、基礎スラブ底面における地震による水平力を低減することができる。
- 3 階建ての建築物においては、1 階に十分な量の耐力壁を配置するとともに、2 階及び 3 階においても、1 階と同程度の**層間変形角**となるように耐力壁を配置する。

これも覚えよう

スウェーデン式サウンディング試験（SWS 試験）
- 載荷したロッドを回転させて地盤に貫入する簡便な地盤調査方法。

Lesson ⑱ 耐震設計・耐震改修

第2次診断法・第3次診断法

2時には （第2次診断法） **針は見ない** （梁は考慮しない）

3時には （第3次診断法） **針も見て** （梁も考慮する）

耐震診断の第2次診断法では、梁は考慮せずに、柱や壁の強さや変形能力などをもとに耐震性能を判定し、第3次診断法では、梁の耐力や変形性能についても考慮する。

■建築物の耐震設計

建築物の耐震性

• 強度と靭性（ねばり強さ）によって評価され、靭性が乏しい場合には、強度を十分に高くする必要がある。

建築物の耐震設計

一次設計… まれに発生する地震（中程度の地震）に対して損傷による性能の低下が生じないことを確かめる。

二次設計… 極めてまれに発生する地震（最大級の地震）に対して崩壊・倒壊等が生じないことを確かめる。

■耐震設計上の留意点

- 建築物の外壁から突出する部分の長さが 2 m を超える片持ちのバルコニーを設ける場合は、当該部分の鉛直震度に基づき計算した地震力に対して安全であることを確かめる必要がある。
- 各階における層間変形角の値は、一次設計用地震力に対し、1 / 200 以内となるようにする。
- 地震時に建築物のねじれが生じないように、建築物の重心と剛心との距離ができるだけ小さくなるように計画する。

■耐震診断

- 耐震診断基準における第 2 次診断法は、梁の変形能力などは考慮せずに、柱や壁の強さと変形能力などをもとに耐震性能を判定する診断手法である。
- 耐震診断において、柱及び壁の耐力に加え、梁の耐力と変形性能についても考慮する必要がある場合は、第 3 次診断法を採用する。

■耐震改修

- 耐震スリットを設ける目的の 1 つは、**せん断破壊型**の柱を**曲げ破壊型**に改善することである。
- 柱の炭素繊維巻付け補強は、柱の**靱性**を高めるのに有効である。
- あと施工アンカーを用いた補強壁の増設工事を行う場合、新設するコンクリートの割裂を防止するため、アンカー筋の周辺に**スパイラル筋**などを設けることが有効である。
- 既存の耐震壁の開口部をふさいだり壁厚を増したりすることは、建築物の保有水平耐力を増加させる**強度抵抗型**の補強に適している。
- 建築物の最上階、または最上階から複数階を撤去する改修は、建築物の重量を低減できるので、耐震性の向上に有効である。
- 増打ち壁や鉄骨ブレースを用いて補強を行うことは、耐力の増加に有効である。

これも覚えよう

鉄骨構造における保有耐力接合
- 接合する部材が十分に塑性化するまで、接合部で**破断**が生じないようにする接合。

Lesson
⑲

木材・木質系材料

集成材・合板

へえ、こう修正したの
（平行）　　　　（集成材）

ちょっと！書くなよ
（直角）

交番に
（合板）

集成材は、繊維方向をほぼ平行
にして接着し、合板は、繊維方
向を直角にして接着する。

■木材の強度と含水率

- 木材の強度は、含水率の増加に伴い低下するが、繊維飽和点以上では、ほぼ一定である。
- 含水率が繊維飽和点以下の木材の膨張・収縮は、ほぼ含水率に比例する。
- 木材を大気中で十分に乾燥させ、木材中の結合水と大気中の湿度が平衡に達した状態を、気乾状態という。
- 木材の乾燥収縮率は、年輪の接線方向より繊維方向のほうが小さい。
- 心持ち材の収縮率が接線方向と半径方向とで大きく異なることは、乾燥割れの原因となる。

繊維方向の基準強度

　　曲げ ＞ 圧縮 ＞ 引張り ＞ せん断

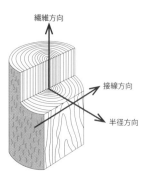

繊維方向

接線方向

半径方向

■その他の性質

- 木材に荷重が継続して作用すると、時間の経過に伴って変形が増大するクリープ現象が生じる。
- 木材の比重が樹種によって異なるのは、木材中の空隙率の違いによるものであり、木材の真比重は樹種によらずほぼ一定である。
- 板目材は、乾燥すると、木表側に凹に変形する。

■木材の一般的な腐朽・蟻害等

- 心材は、辺材よりもシロアリの食害を受けにくい。
- 木杭は、腐朽を避けるため、**常水面下**に設置する。

耐蟻性の高い木材	・ひば、こうやまき等
耐蟻性の低い木材	・あかまつ、べいつが等
耐腐朽性の高い木材	・くり、ひば等

■木材に関する用語

木表	・板目または追柾の板などを採材したときの**樹皮側**の面。
辺材	・樹幹の外側の白っぽい部分。 ・立木の状態で含水率が高い。
目切れ	・繊維方向が長さ方向に平行ではなく、木目が途切れること。
死節	・枝が枯れた状態で樹幹に包み込まれてできた節で、まわりの組織と連続性がなく、大きな欠点となる。

■木材に関する用語

構造用集成材・合板	・繊維方向・積層方向等により強度性能上の**異方性**を有する。
単板積層材（LVL）	・厚さが3mm程度の単板を繊維方向がほぼ**平行**となるようにして積層接着したもの。
中質繊維板（MDF）	・乾燥繊維に接着剤を添加し、加熱圧縮成形したもの。
直交集成板（CLT）	・挽板を幅方向に並べたものを繊維方向が直交するように積層接着したもの。
パーティクルボード	・木材の小片と接着剤とを混合して加熱圧縮成形したもの。

❸章

19 木材・木質系材料

Lesson
⑳
コンクリート (1)

凍害と AE コンクリート

「納豆がいや」
（凍害）
「そんなこと言わずに」
「えー。いや今度ね」
（AE コンクリート）

凍害を防止するため、気象環境の厳しいところでは、AE コンクリートを用いる。

■セメントとそれを使用するコンクリートとの組合せ

低熱ポルトランドセメント	・高強度コンクリート
中庸熱ポルトランドセメント	・高強度コンクリート・マスコンクリート
フライアッシュセメント B 種	・マスコンクリート
高炉セメント B 種	・海水の作用を受けるコンクリート

■セメントの種類と性質

- セメントは、水和反応後、時間が経過して乾燥するにしたがって強度が増大する水硬性材料である。 注意 気硬性ではない！
- ポルトランドセメントには、凝結時間を調整するためにせっこうが混合されている。

- 中庸熱ポルトランドセメントは、普通ポルトランドセメントに比べて、水和熱や乾燥収縮が小さく、ひび割れが生じにくい。
- 高炉セメントB種は、普通ポルトランドセメントに比べて、アルカリシリカ反応に対する抵抗性に優れている。
- 高炉セメントB種を用いたコンクリートは、圧縮強度が同程度の普通ポルトランドセメントを用いたコンクリートに比べて、長期の湿潤養生期間が必要となる。

セメントの初期強度

早強ポルト
ランドセメント
$>$
普通ポルト
ランドセメント
$>$
高炉セメント
B種
$>$
中庸熱ポルト
ランドセメント

■骨材

- 骨材の粒径は、均一であるよりも、一定の粒度分布であるほうが望ましい。
- 骨材に含まれる粘土塊や塩化物などは、コンクリートの耐久性を低下させる。
- 高炉スラグ粗骨材は、溶鉱炉で銑鉄と同時に生成される溶融スラグを徐冷し、粒度を調整して製造されるものであり、普通骨材に含まれる。

■混和材料

AE剤	・ワーカビリティー・耐凍害性・耐久性を向上させる。
減水剤	・ワーカビリティーを向上させ、単位水量・単位セメント量を減らせる。
収縮低減剤	・硬化後のコンクリートの乾燥収縮・収縮ひび割れを低減させる。
フライアッシュ	・ワーカビリティーを良好にするが、中性化速度は速くなる。
膨張材	・コンクリートに膨張性を与え、収縮ひび割れを低減させる。
流動化剤	・硬化後のコンクリートの強度や耐久性に影響を及ぼさずに、打込み時のフレッシュコンクリートの流動性を増大させる。

 ここが重要！

- AE剤により、耐凍害性は向上する！

Lesson
㉑

コンクリート (2)

ヤング係数

でかいヤングは
（大きいヤング係数）

押しつぶされない
（圧縮強度が高い）

ヤング係数は、変形しにくさ（硬さ）を示す指標で、値が大きいほど、圧縮に対する強度も高くなる。

■コンクリートの強度

調合設計における強度

　調合強度 ＞ 調合管理強度 ＞ 品質基準強度

耐久設計基準強度

・計画供用期間の級が「標準」よりも「長期」のほうが大きい。

コンクリートの強度

　圧縮強度 ＞ 曲げ強度 ＞ 引張強度

・圧縮強度は、水セメント比が大きいものほど低い。

長期許容圧縮応力度

・設計基準強度に 1／3 を乗じた値である。

短期許容圧縮応力度

・設計基準強度に 2／3 を乗じた値である。

■コンクリートに関する係数

ヤング係数	・圧縮強度が高いものほど大きい。 ・単位容積質量が大きいものほど大きい。
線膨張係数	・常温時においては、鉄筋の線膨張係数とほぼ等しい。

■スランプ

・スランプとは、スランプコーンを鉛直に引き上げた後にコンクリート頂部中央の下がった寸法をいう。
・スランプは、単位水量が多いものほど大きい。
・スランプを大きくしていくと、コンクリートの材料分離が生じやすくなる。

■コンクリートの一般的性質

・水和による発熱量は、単位セメント量が多いものほど大きい。
・水和発熱に伴い発生するひび割れは、単位セメント量が多いものほど発生しやすい。
・乾燥収縮は、単位骨材量が多いものほど小さい。
・中性化速度は、圧縮強度が高いものほど小さい。
・養生温度が低くなるほど、材齢初期の強度発現が遅くなる。

■用語

アルカリ骨材反応	・骨材がセメントペースト中に含まれるアルカリ成分と化学反応を起こし、膨張することによって、コンクリートにひび割れを生じさせる現象。
エフロレッセンス（白華）	・コンクリート中の炭酸カルシウムなどがコンクリートの表面に析出した白色の物質。
クリープ	・一定の外力が継続して作用したときに、時間の経過とともにひずみが増大する現象。
コールドジョイント	・先に打ち込んだコンクリートと、後から打ち込んだコンクリートとの打継ぎ部分が、一体化しないままになった継目。
ブリーディング	・フレッシュコンクリート中の練混ぜ水の一部が分離して、上面に向かって上昇する現象。
プラスティック収縮ひび割れ	・コンクリートが固まる前に、コンクリートの表面が急激に乾燥することによって生じるひび割れ。

Lesson
㉒

鋼材

鋼材の種類

寒いよう
（SM・溶接）

さっさと一杯くれ
（SS・一般）

健さん
（建築・SN）

JIS に規定する鋼材には、溶接構造用圧延鋼材（SM）、一般構造用圧延鋼材（SS）、建築構造用圧延鋼材（SN）などの種類がある。

■鋼材の一般的性質

炭素含有量

- 炭素含有量が多くなると、硬質になり、引張強さが大きくなる。
- 炭素含有量が多くなると、溶接性が低下する。

引張強さ

- 温度 200 〜 300 ℃程度で最大となり、それ以上の温度になると急激に低下する。
- ビッカース硬さ等を測定することにより、鋼材の引張強さを換算することができる。

降伏点

- 温度が上昇するにつれて低下する。

比重

- アルミニウム材の比重の約 3 倍である。

ヤング係数

• 常温において、鋼材の種類にかかわらず（鋳鉄を除く）一定の値である。

🎌鋼材の種類により異なるのではない！

線膨張係数

• 常温において、普通コンクリートの線膨張係数とほぼ同じである。

その他

• 鋼材は、瞬間的に大きな負荷がかかったり、低温状態で負荷がかかったりすると、脆性破壊しやすくなる。

• 鋼を熱間圧延して製造するときに生じる黒い錆（黒皮）は、防食効果がある。

• 鋼材を焼入れすると、硬さ・耐摩耗性が増大し、脆くなる。

■ JIS（日本産業規格）に規定する鋼材

• 異形棒鋼 SD345 の降伏点の下限値は、345 N／mm^2 である。

• 「建築構造用圧延鋼材 SN400」と「一般構造用圧延鋼材 SS400」のそれぞれの引張強さの下限値から上限値までの範囲は、同じである。

• 「建築構造用圧延鋼材 SN490」と「溶接構造用圧延鋼材 SM490」のそれぞれの降伏点の下限値から上限値までの範囲は、異なる。

建築構造用耐火鋼（FR 鋼）	• 一般の鋼材よりも高温時の強度を向上させ、600 ℃における降伏点が常温規格値の 2／3 以上あることを保証した鋼材。
建築構造用圧延鋼材（SN 材）	• 建築物固有の要求性能を考慮して規格化された鋼材。
ステンレス鋼（SUS304A 材等）	• 一般構造用圧延鋼材（SS400 材等）の炭素鋼に比べて、耐食性・耐火性に優れる。

■ JIS の記号と説明の組合せ

SS400	• 一般構造用圧延鋼材の一種
SM490A	• 溶接構造用圧延鋼材の一種
SN490C	• 建築構造用圧延鋼材の一種
SNR400B	• 建築構造用圧延棒鋼の一種

❸章

22
鋼材

Lesson
㉓

建築材料（1）

石材

火口でガイド
（花こう岩・外装）

代理はないぞ
（大理石・内装）

花こう岩は外装材として、大理石は内装材として用いられる。

■ボード類

ALC パネル	・軽量で耐火性・断熱性に優れており、外壁・屋根等に広く用いられる。
せっこうボード	・耐火性に優れるが、耐水性や耐衝撃性に劣る。下地材に用いられる。
シージングせっこうボード	・両面のボード用原紙とせっこうに防水処理を施したもので、台所や便所などの湿気の多い場所の壁下地材等に用いられる。
パーティクルボード	・植物質繊維を接着剤と熱圧成形した板材で、耐火性に劣る。 加圧成形ではない！
木毛セメント板	・細長く削り出した木毛とセメントを混合し加圧成形したものであり、加工性が良いので、天井の下地材に用いられる。

■石材

花こう岩	• 耐久性に優れており、外装材として用いられる。
砂岩	• 堆積した岩石等が圧力により固化した岩石であり、耐火性に優れているので、内壁の仕上げに用いられる。
大理石	• 磨くと光沢が得られるが、耐酸性に劣るので、内装材として用いられる。

■屋根材

チタン板	• 耐久性・耐食性に優れ、銅板に比べて軽量である。
いぶし瓦（黒瓦）	• 粘土を成形し、乾燥させた後に表面に釉薬を施さずに焼成した瓦である。

■外装材・内装材等

しっくい	• 消石灰にすさ・のり・砂などを混ぜて水で練ったもので、気硬性の材料である。
テラコッタ	• 大型タイルの一種であり、外装材として使用される。
テラゾブロック	• 人工大理石で、壁や床などの内装材として用いられる。
窯業系サイディング	• セメント質原料・繊維質原料を成形したものであり、外装材として用いられる。
ガラスブロック	• 内部の空気が低圧となっているため、断熱性・遮音性に優れる。

■断熱材

発泡プラスチック系断熱材（硬質ウレタンフォーム等）	• 樹脂の中に微細な独立空気泡を閉じ込めることによって断熱効果を発揮するものであり、繊維系断熱材に比べて断熱性に優れる。
ロックウール	• 吸音性を有し、不燃性だが、吸湿しやすいため、湿度の低い場所か、防湿材料とともに断熱材として用いられる。
押出ポリスチレンフォーム	• 耐水性に優れ、加工しやすいが、燃えやすい。

❸章

23 建築材料（1）

Lesson
㉔
建築材料（2）

合わせガラス・複層ガラス

空気でっぽう
紙貼り合わせて
（合わせガラス）
空気を吹くぞう
（複層ガラス）

合わせガラスは、2枚の板ガラス
を中間膜で張り合わせ、複層ガ
ラスは2枚の板ガラスの間に乾
燥空気を封入したものである。

■接着剤

エポキシ樹脂系接着剤	・耐水性・耐久性に優れ、コンクリートのひび割れの補修などに使用される。
酢酸ビニル樹脂系接着剤	・耐水性・耐熱性などが劣り、屋外における使用には適さない。
シアノアクリレート系接着剤	・瞬間的に硬化することから、迅速な作業が求められる場合に使用される。

■塗料

アルミニウムペイント	・熱線を反射して素地材料の温度上昇を防ぐので、鉄板屋根や設備配管などの塗装に使用される。
顔料系オイルステイン	・染料系のオイルステインに比べて耐光性に優れる。
合成樹脂調合ペイント	・コンクリートなどのアルカリ性のものには適さない。

■ガラス

型板ガラス	・ガラスの片側表面に型模様を付けたガラスで、間仕切りや家具などの装飾用などとして使用される。
フロート板ガラス	・表面の平滑度が高い透明な板ガラスで、幅広く使用される。
倍強度ガラス	・フロート板ガラスの2倍以上の耐風圧強度を有する加工ガラス。加工後の切断はできない。
強化ガラス	・フロート板ガラスの3〜5倍の強度を有する加工ガラス。割れても破片が鋭角状にならない。
合わせガラス	・2枚の板ガラスを透明で強靭な中間膜で張り合わせたガラス。耐貫通性に優れ、割れても破片の飛散を防ぐことができる。
複層ガラス	・2枚の板ガラスを一定の間隔に保ち、その内部空気を乾燥状態に保ったガラスで、フロート板ガラスに比べて断熱効果が高い。
Low-E 複層ガラス	・2枚の板ガラスの片方の中空層側表面に低放射の特殊金属膜をコーティングしたガラスで、日射制御機能と高い断熱性を有する。
熱線吸収板ガラス	・鉄・ニッケル・コバルトなどを加えたガラスで、太陽光線中の熱線を吸収するため、冷房効果を高めることができる。
熱線反射ガラス	・フロート板ガラスの表面に反射率の高い薄膜をコーティングしたものであり、冷房負荷の軽減に有効である。
網入り板ガラス	・フロート板ガラスの中に金属網を封入したガラスで、ガラスが割れても破片が落ちにくい。防火用のガラスとして使用される。

❸章

24 建築材料 (2)

ここが重要！

- 2枚の板ガラスを中間膜で張り合わせたものは、強化ガラスではなく、合わせガラスである！
- 2枚の板ガラスの間に乾燥空気を封入したものは、合わせガラスではなく、複層ガラスである！

Lesson
01

工事監理・施工計画

施工計画

せこい計画
（施工計画）
たてるのもせこい奴
（施工者）

施工計画書は、工事施工者が
作成する。

■建築士が行う工事監理業務

- 工事監理体制・工事監理方針に関する建築主への説明
- 設計図書の検討及び報告
- 設計図書に照らした工事材料の適合の検討
- 施工者の作成した工程表の検討
- 施工者の提出した請負代金内訳書の適否の検討
- 建築主への工事請負契約の目的物の引渡しへの立会い
- 工事費支払いの審査

　注意 専門工事業者との工事請負契約の締結や工事用資材の発注は、建築士
の通常の監理業務ではない！

■施工計画

- 施工計画の検討に先立ち、敷地及び周辺の状況を調査する。

- 工事に先立ち、設計図書及び各種調査結果に基づいた施工計画書を作成し、工事監理者の承認を受ける。
- 工事の内容・品質に多大な影響を及ぼすと考えられる工事部分については、監理者と協議したうえで、その工事部分の施工計画書を作成する。
- 設計図書に指定がない工事の施工方法については、必要に応じて、監理者と施工者とが協議のうえ、施工者の責任において決定する。

基本工程表

- 基本工程表は、工事施工者が作成し、監理者の承認を得る。
  - 🌟注意🌟 工事監理者が作成するのではない！
- 基本工程表の作成に当たっては、施工計画書、製作図及び施工図の作成並びに承諾の時期を考慮する。

総合施工計画書

- 総合施工計画書には、設計図書において指定された仮設物も含む施工計画に関する事項を記載する。
- 総合施工計画書では、工事期間中における工事敷地内の仮設資材や工事用機械の配置を示し、道路や近隣との取合いについても表示する。
- 総合施工計画書では、工事安全衛生方針・工事安全衛生目標・工事安全衛生計画を定める。

工事種別施工計画書

- 工事種別施工計画書には、工程表、品質管理計画書及びその他の必要事項を記載する。
- 品質計画は、使用する材料、仕上り状態及び機能・性能を定めた**基本要求品質**を満たすように作成する。

ここが重要！

- 施工計画書は、工事監理者ではなく、工事施工者が作成する！
- 設計図書に指定がない工事の施工方法については、監理者と施工者が協議のうえ、施工者の責任において決定する！

これも覚えよう

- 設計図書に、選ぶべき専門工事業者の候補が記載されている場合は、その中から選定する。

右側縦書き：❹章　01 工事監理・施工計画

Lesson
02

ネットワーク工程表

フロート

コーヒーフロート
（フロート）

飲む余裕
（余裕時間）

フロートとは、工事全体の作業
日数に影響を与えない余裕時
間のことである。

■用語

アクティビティ	・作業等の諸活動のこと。実線の矢線で表す。
イベント	・作業の開始・終了時を丸印で表す。
クリティカルパス	・工事の着工から完了までで最も長い日数を要する経路。
ダミー	・架空の作業。作業の前後関係のみを点線の矢線で表し、時間は 0。
フロート	・工事全体の作業日数に影響を与えない余裕時間。

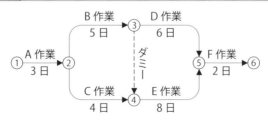

ネットワーク工程表の例

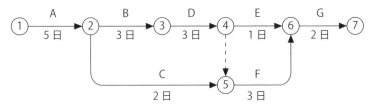

クリティカルパス

- A＋B＋D＋F＋G＝5＋3＋3＋3＋2＝16（日）
- この工事全体は、最短16日で終了する。

E作業のフリーフロート

　（A＋B＋D＋F）－（A＋B＋D＋E）

　＝（5＋3＋3＋3）－（5＋3＋3＋1）

　＝2（日）

- E作業のフリーフロート（後続作業に影響せず、その作業で自由に使える余裕時間）は、2日である。

作業の終了・開始

- D作業が終了しなければ、F作業は開始できない。

作業日数の短縮

- C作業の所要日数を1日短縮しても、この工事全体の作業日数は、変わらない。
- B作業またはD作業の所要日数を1日短縮すると、この工事全体の作業日数は、1日の短縮となる。
- F作業を2日短縮すると、この工事全体の作業日数は、2日の短縮となる。

作業日数の延長

- C作業の所要日数を4日延長しても、この工事全体の作業日数は、変わらない。
- E作業の所要日数を2日延長しても、この工事全体の作業日数は、変わらない。

Lesson
03

工事現場の安全確保

作業主任者の選任

ごめん！
(5m)

明日の組立てと解体の
（足場の組立て、解体）

作業をお願い！
（作業主任者を選任）

高さが5 m 以上の足場の組立て、
解体の作業は、作業主任者の選任を
必要とする。

■工事現場の安全確保措置

架設通路

- 高さ 8 m 以上の登り桟橋には、7 m 以内ごとに踊場を設ける。
- 墜落の危険のある箇所には、高さ 85 cm 以上の手摺、高さ 35 cm 以上 50 cm 以下の中桟を設ける。

足場

- 単管足場の建地の間隔を、けた行方向 1.85 m 以下、はり間方向 1.5 m 以下とする。
- 建地間の最大積載荷重は 400 kg とする。
- 単管足場の脚部には、足場の滑動・沈下を防止するため、ベース金具を使用し、かつ、敷板・敷角を用い、根がらみを設ける。

作業床

- 高さ 2 m 以上の場所に作業床を設置する場合は、床材と建地との隙間を 12 cm 未満とする。

作業構台
- 高さ 2 m 以上の作業床の床材間の隙間は、3 cm 以下とする。

スレート等の屋根上の危険の防止
- スレート葺の屋根の上で作業を行う場合は、幅 30 cm 以上の歩み板を設け、防網を張る。

高所からの物体投下による危険の防止
- 高さ 3 m 以上の高所から物体を投下するときは、投下設備を設け、監視人を置く等の措置を講じる。

根切り工事を行う場合の危害の防止
- 深さ 1.5 m 以上の根切り工事を行う場合、地盤が崩壊するおそれがないとき、及び周辺の状況により危害防止上支障がないときを除き、山留めを設ける。

悪天候時の作業禁止
- 高さが 2 m 以上の箇所で作業を行う場合、強風等の悪天候のため、当該作業の実施について危険が予想されるときは、当該作業に労働者を従事させてはならない。

■作業主任者を選任すべき作業

・掘削面の高さが 2 m 以上の地山の掘削作業
・高さが 5 m 以上のコンクリート造の工作物の解体・破壊作業
・型枠支保工の組立て・解体作業
・高さが 5 m 以上の構造の足場の組立て・解体・変更作業
・高さが 5 m 以上の鉄骨造の建築物における骨組みの組立て・解体・変更作業
・軒の高さが 5 m 以上の木造の建築物における構造部材の組立て作業
・軒の高さが 5 m 以上の木造建築物の屋根下地・外壁下地の取付け作業

ここが重要！

- スレート葺の屋根の上で作業を行うときは、幅 30 cm 以上の歩み板を設ける！
- 地山の掘削作業で作業主任者の選任を要するのは、掘削面の高さが 2 m 以上！
- 作業対象物の高さが 5 m 以上の場合は、作業主任者の選任が必要！

4章
03 工事現場の安全確保

Lesson 04 申請と届・材料の保管

道路使用許可・道路占用許可

路上で石ケリしよう！
（道路）　　　　　（使用許可）

ずっとやりつづけたりは
（継続）

せんようにね
（占用）

道路を特定の行為のために使用しようとする者は、道路使用許可を、継続して使用しようとする者は道路占用許可を受けなければならない。

■建築工事に関する申請・届等とその提出先との組合せ

・建築工事届	都道府県知事
・建築物除却届	
・特定粉じん排出等作業実施届	
・産業廃棄物管理票交付等状況報告書	
・道路占用許可申請書	道路管理者
・特殊車両通行許可申請書	
・道路使用許可申請書	警察署長
・クレーン設置届	労働基準監督署長
・機械等設置届	
・安全管理者選任報告書	
・特定元方事業者の事業開始報告	
・特定建設作業実施届出書	市町村長
・危険物貯蔵所設置許可申請書	市町村長・都道府県知事・総務大臣
・完了検査申請書	建築主事

■工事現場における材料等の保管

ALC パネル	• 反り・ねじれ等が生じないよう、屋内に台木を水平に置き、その上に平積みにして保管。
巻いたビニル壁紙	• くせが付かないように、立てて保管。 注意 井桁積みではない！
ビニル床シート	• 変形が生じないように、屋内の乾燥した場所に、直射日光を避けて立置きにして保管。
アスファルトルーフィング	• 屋内の乾燥した場所に立置きにして保管。
押出成形セメント板	• 屋内の平坦で乾燥した場所に、台木を用いて 1.0 m 以下の高さに積み重ねて保管。
せき板用木材	• コンクリート表面の硬化不良を防ぐため、直射日光を避けて保管。
シーリング材	• 高温多湿や凍結温度以下を避け、かつ、直射日光や雨露の当たらない場所に密封して保管。
鉄筋	• 泥土が付かないよう、受材の上に置き、シート養生を行って保管。
陶磁器質タイル型枠先付け工法用タイルユニット	• 直射日光や雨水による変質・劣化などの防止のため、シート養生を行って保管。
板ガラス	• 振動等による倒れを防止するため、屋内に立てかけて保管。
フラッシュ戸	• 平積みして保管。
セメント	• 吸湿しないよう、倉庫内に上げ床を設けて保管。
砂・砂利	• 周辺地盤より高いところに、水勾配を設けて保管。
既製コンクリート杭	• 地盤を水平に均し、杭の支持位置にまくら材を置き、1 段に並べて仮置き。
高力ボルト	• 雨水・塵埃などが付着せず、温度変化の少ない場所に、等級別・ねじの呼び別・長さ別に整理して保管。

4章

04 申請と届・材料の保管

ここが重要！

• 危険物貯蔵所設置許可申請書の提出先は、消防署長ではない！
• クレーン設置届の提出先は、警察署長ではない！

これも覚えよう

• 断熱材を屋外で保管するときは、日射・温度・湿度等による変質を受けないように養生する。黒色シートで覆うのは×。

Lesson
05

仮設工事

工事用シートの取付け

御殿ごとの　水兵さん
（5.5 m 以下ごと・水平材）

すきなく　たるみなく
（隙間・たるみ）

工事用シートは、垂直方向 5.5 m 以下ごとに足場に水平材を設け、隙間やたるみがないように緊結する。

■通路等

屋内に設ける通路

・通路面から高さ 1.8 m 以内に障害物を置かない。

架設通路

・勾配が 30 度を超える場合は、階段を設ける。

・勾配が 15 度を超えるものには、踏桟その他の滑止めを設ける。

・墜落の危険のある箇所には、高さ 85 cm 以上の手すり等を設ける。

・墜落の危険のある箇所には、高さ 35 cm 以上 50 cm 以下の中桟等を設ける。

　注意 手すり等と中桟等の規定は、枠組足場以外の足場の作業床についても同様だ！

・高さ 8 m 以上の登り桟橋には、7 m 以内ごとに踊場を設ける。

はしご道

・はしごの上端を、床から 60 cm 以上突出させる。

■足場

高さが 2 m 以上の位置にある足場の作業床

- 幅を 40 cm 以上とし、床材間の隙間は 3 cm 以下とする。
- 枠組足場においては、墜落防止のために、交差筋かい及び高さ 15 cm 以上 40 cm 以下の下桟を設ける。
- 枠組足場以外においては、墜落防止のために、上記手すり等及び中桟等を設ける。
- 物体の落下防止のために、両側に高さが 10 cm 以上の幅木を設ける。
- 足場板を長手方向に重ねるときは、支点の上で重ね、その重ねた部分の長さは、20 cm 以上とする。

壁つなぎの間隔

単管足場	・垂直方向 5.0 m 以下 ・水平方向 5.5 m 以下
枠組足場（高さ 5 m 以上）	・垂直方向 9.0 m 以下 ・水平方向 8.0 m 以下

単管足場

- 建地の間隔は、桁行方向 1.85 m 以下、はり間方向 1.5 m 以下とする。
- 地上第一の布は、地面から高さ 2 m 以下の位置に設ける。
- 建地間の最大積載荷重は、400 kg とする。

ブラケット一側足場

- 原則として、高さ 15 m 以下で使用する。
- 建地の間隔は、1.8 m 以下とし、建地間の最大積載量は、1スパン当たり150 kg とする。

■仮囲い

高さ 1.8 m 以上の板塀その他の仮囲いを設けるべき工事対象物

- 木造建築物で高さが 13 m もしくは軒の高さが 9 m を超えるもの
- 木造以外の建築物で 2 以上の階数を有するもの

■その他の規定

- ベンチマークは、相互にチェックできるように 2 箇所以上設置し、移動しないようにそれらの周囲に養生を行う。
- 200V の配電線の付近で移動式クレーンを使用する場合は、配電線からの離隔距離（安全距離）を 1 m ないし 2 m 以上とする。

Lesson
06

産業廃棄物・地盤調査

産業廃棄物

神木君　　　　**繊細**
(紙くず・木くず)　(繊維くず)

こころのかけら
(コンクリートの破片)

おでこに　はい、プラス
(汚泥)　　　　(廃プラスチック類)

産業廃棄物には、工作物の新築・改築・除去に伴って生じる紙くず、木くず、繊維くず、コンクリートの破片や、汚泥、廃プラスチック類などがある。

■産業廃棄物

工作物の新築・改築・除去に伴って生じる産業廃棄物

・紙くず、木くず、繊維くず、コンクリートの破片。

その他の産業廃棄物

・汚泥、廃プラスチック類など。

　現場事務所内で生じた図面などの紙くずは、一般廃棄物に該当する！

■特別管理産業廃棄物

・「特別管理産業廃棄物」とは、産業廃棄物のうち、爆発性・毒性・感染性その他の人の健康または生活環境に係る被害を生ずるおそれがある性状を有するものとして政令で定めるものをいう。

・廃ポリ塩化ビフェニル等	・蛍光灯安定器等のポリ塩化ビフェニル汚染物
・廃石綿等	・ひ素等所定の物質を含む汚泥

■地盤の調査事項と試験方法の組合せ

N値	• 標準貫入試験	地盤構成	• ボーリング
透水係数	• 透水試験	基盤の深さ	• 電気探査
地盤の支持力（地耐力）	• 平板載荷試験	地下埋設物の調査	• 電磁波探査
地盤のせん断強さ	• ベーン試験	地盤のS波速度の分布	• 表面波探査

「標準貫入試験」と「平板載荷試験」

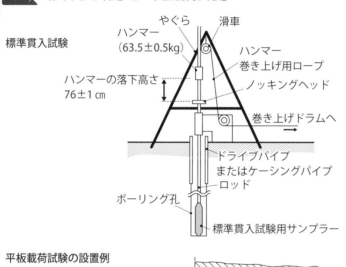

標準貫入試験

やぐら　　　滑車
ハンマー
（63.5±0.5kg）
ハンマー
巻き上げ用ロープ
ノッキングヘッド
ハンマーの落下高さ
76±1㎝
巻き上げドラムへ
ドライブパイプ
またはケーシングパイプ
ロッド
ボーリング孔
標準貫入試験用サンプラー

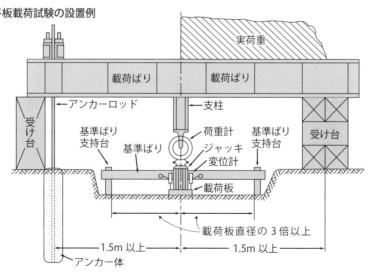

平板載荷試験の設置例

実荷重
載荷ばり　　　載荷ばり
アンカーロッド　　支柱
受け台
基準ばり
支持台　　基準ばり
荷重計
基準ばり
支持台　　受け台
ジャッキ
変位計
載荷板
載荷板直径の3倍以上
1.5m以上　　　1.5m以上
アンカー体

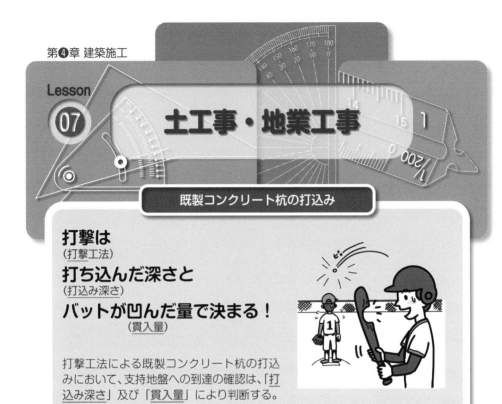

Lesson
07

土工事・地業工事

既製コンクリート杭の打込み

打撃は
（打撃工法）

打ち込んだ深さと
（打込み深さ）

バットが凹んだ量で決まる！
（貫入量）

打撃工法による既製コンクリート杭の打込みにおいて、支持地盤への到達の確認は、「打込み深さ」及び「貫入量」により判断する。

■土工事

山留め

・山留め壁と腹起しとの隙間に裏込め材を設置し、山留めに作用する側圧が腹起しに確実に伝達するようにする。

親杭横矢板工法	・地下水位が低く、地盤が良質な場合に採用する。
法付けオープンカット工法	・敷地に余裕がある場合に採用する。

親杭横矢板工法を採用したときの基礎工事までの作業手順

・山留め → 根切り → 砂利地業 → 基礎

リチャージ工法

・地盤沈下を防止するための地下水処理工法として採用する。

■地業工事

捨てコンクリート地業

・基礎の墨出し・配筋・型枠の建込みをするために、表面を平らに仕上げるこ

とができる。

砂利地業

- 再生クラッシャラン、切込砂利、切込砕石を用い、特記がない場合は、厚さを 60 mm とする。

砂地業

- シルトを含まない山砂、川砂、砕砂を用い、特記がない場合は、厚さを 60 mm とする。

■杭工事

場所打ちコンクリート杭

- 場所打ちコンクリート杭に用いるコンクリートの構造体強度補正値（S）は、特記がない場合は、3 N/mm^2 とする。
- 場所打ちコンクリート杭の施工に当たっては、近接している杭を連続して施工しない。
- 場所打ちコンクリート杭の杭頭処理は、コンクリートの打込みから 14 日程度経過した後に、平らにはつり取り、所定の高さにそろえる。

アースドリル工法

- 支持地盤への到達の確認は、「掘削深度」及び「排出される土」により判断する。
- 掘削深さが所定の深度となり、排出された土によって予定の支持地盤に達したことを確認したら、スライム処理を行う。

既製コンクリート杭

- 打込み工法による作業地盤面以下への既製コンクリート杭の打込みにおいて、やっとこを用いる。
- 既製コンクリート杭の継手は、特記がない場合、アーク溶接による溶接継手とする。

セメントミルク工法

- 掘削深さが所定の深度となったら、根固め液を注入し、その後、根固め液・杭周固定液を注入しながら、アースオーガーを引き上げる。
- アースオーガーを引抜く際は、アースオーガーを逆回転させてはならない。
- 杭は建込み後、杭心に合わせて保持し、養生期間を 7 日間程度とする。

これも覚えよう

- 杭工事における騒音及び振動の測定は、作業場所の敷地境界線において行う。

Lesson 08 基礎工事・型枠工事

せき板の最小存置期間

暑い　暑い！
（平均気温が高い）

早く取って！
（存置期間が短い）

コンクリートの材齢によるせき
板の最小存置期間は、存置期間
中の平均気温が高いほうが短い。

■木造住宅の基礎工事

- 底盤については、厚さを 150 mm 以上、幅を 450 mm 以上とする。
- 底盤部分の主筋には D10 以上を用い、その間隔を 300 mm 以下とする。
- 立上りの厚さは 150 mm 以上とし、セパレーターを用いて型枠の幅を固定する。
- 天端ならしは、遣方を基準にして陸墨を出し、容積比でセメント 1 : 砂 3 の調合のモルタルを水平に塗り付ける。

床下防湿措置

- 床下地面を盛土し十分に突き固めた後、床下地面全面に厚さ 60 mm 以上のコンクリートを打設する。
- 床下地面全面に厚さ 0.1 mm 以上の住宅用プラスチック系防湿フィルムを、重ね幅 150 mm 以上として敷き詰める。

アンカーボルト

- コンクリートへの埋込み長さは、250 mm 以上とする。

- 枠組壁工法におけるアンカーボルトの埋込み位置は、隅角部及び土台の継手位置付近とし、その他の部分は間隔 2.0 m 以内とする。
- 柱脚部の短期許容耐力が 25 kN 以下のホールダウン専用アンカーボルトのコンクリート基礎への埋込み長さは、360 mm 以上とする。

■型枠工事

- 型枠は、垂直せき板を取り外した後に、水平せき板を取り外せるように組み立てる。
- 型枠は、足場等の仮設物とは連結させずに設置する。

せき板

- せき板として用いる合板は、特記がない場合、日本農林規格（JAS）で規定されている厚さ 12 mm 以上のものを用いる。

せき板の存置期間

- 基礎・梁側・柱・壁のせき板は、計画供用期間の級が「短期」及び「標準」の場合、構造体コンクリートの圧縮強度が 5 N / mm^2 以上に達したことを確認して取り外す。
- 計画供用期間の級が「短期」及び「標準」の場合、せき板存置期間中の平均気温が 10℃以上であれば、下表に示した日数以上経過すれば、圧縮強度試験を行わずに取り外すことができる。

セメントの種類／平均気温	コンクリートの材齢（日）		
	・早強ポルトランドセメント	・普通ポルトランドセメント ・高炉セメントＡ種 ・シリカセメントＡ種 ・フライアッシュセメントＡ種	・高炉セメントＢ種 ・シリカセメントＢ種 ・フライアッシュセメントＢ種
20℃以上	2	4	5
20℃未満 10℃以上	3	6	8

支柱

- パイプサポートを 3 本以上継いで用いてはならない。
- パイプサポートを継いで使用する場合は、4 以上のボルト等を用いて継ぐ。
- パイプサポートの高さが 3.5 m を超えるときは、高さ 2 m 以内ごとに水平つなぎを 2 方向に設け、かつ、水平つなぎの変位を防止する。
- 上下階の支柱は、平面上において同一位置となるように、垂直に立てる。

Lesson
09

鉄筋工事 (1)

圧接継手に関する長さとふくらみ

１対１の　圧迫面接だが
(1.1*d* 以上)　　(圧接部の長さ)

いーように
(1.4*d* 以上)

ふくらむ期待
(圧接部のふくらみ直径)

圧接継手では、圧接部の長さは
1.1 *d* 以上、圧接部のふくらみ直
径は 1.4 *d* 以上とする。

■鉄筋の加工

• 鉄筋の折曲げは、冷間加工とし、自動鉄筋折曲げ機等を用いて行う。

　　注意 熱処理を行ってはならない！

• 柱の配筋において、最上階の柱頭の四隅にある主筋には、フックを設ける。

• 180 度フックを設ける場合の余長は 4 *d* とする。

加工寸法の許容差

• D 25 以下の主筋の加工後の許容差は、特記がない場合、± 15 mm とする。

• あばら筋・帯筋等の加工後の許容差は、特記がない場合、± 5 mm とする。

■鉄筋の継手・定着

重ね継手

• 直径の異なる鉄筋相互の重ね継手の長さは、細いほうの *d* による。

- 重ね継手の長さは、鉄筋径の倍数で nd として表される。
- フック付き重ね継手の長さには、末端のフック部分の長さを含めない。
- 隣り合う重ね継手の継手位置は、相互に継手長さの 0.5 倍以上ずらして設ける。

ガス圧接継手
- ガス圧接部は、原則として 400 mm 以上ずらす。
- 圧接部における鉄筋中心軸の偏心量は、鉄筋径の 1 / 5 以下とする。
- 鉄筋径の呼び名の差が 7 mm を超える場合には、圧接継手を設けてはならない。
- 強風・降雨時には、風除け・覆いなどの設備をした場合を除き、圧接作業を行わない。
- 圧接部の全数について外観検査を行い、さらに合格とされた圧接部の抜取り検査として超音波探傷試験等を行う。

ガス圧接継手の外観検査
- ふくらみの直径や長さが規定値を満たさず不合格となった圧接部は、再加熱・加圧して修正する。
- 明らかな折れ曲がりが生じたことによって不合格となった圧接部は、再加熱して修正する。
- 圧接部の鉄筋中心軸の偏心量が規定値を超えた場合は、ガス圧接部を切り取って再圧接する。

定着
- スラブの下端筋として用いる鉄筋の直線定着の長さは、10 d 以上、かつ、150 mm 以上とする。
- 梁主筋を柱へ定着する場合、柱せいの 3 / 4 倍以上の位置で、梁主筋を折り曲げる。

ガス圧接継手

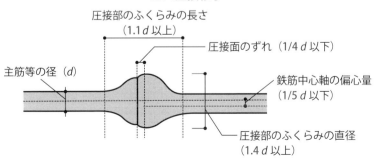

圧接部のふくらみの長さ（1.1 d 以上）
圧接面のずれ（1/4 d 以下）
主筋等の径（d）
鉄筋中心軸の偏心量（1/5 d 以下）
圧接部のふくらみの直径（1.4 d 以上）

Lesson ⑩

鉄筋工事 (2)

かぶり厚さの測定

あっしら　帯から
(柱)　　　　(帯筋から)

はり？　あばらから金
(梁)　　(あばら筋から)

柱のかぶり厚さは帯筋の外側表面から、梁のかぶり厚さはあばら筋の外側表面から測定する。

■鉄筋の組立て

・鉄筋相互のあきは、粗骨材の最大寸法の1.25倍以上かつ25 mm以上、径・呼び名の数値の1.5倍以上のうち、最大のものとする。

・鉄筋相互の結束には、径0.8 mm程度のなまし鉄線を使用する。

・鉄筋表面のごく薄い赤錆は、コンクリートとの付着を妨げるものではないので、除去せずに鉄筋を組み立ててもよい。

■かぶり厚さ

・設計かぶり厚さは、最小かぶり厚さに施工誤差を加えたもので、施工誤差は10 mmを標準とする。

・柱の鉄筋のかぶり厚さは、帯筋の外側表面から、これを覆うコンクリート表面までの最短距離とする。

　主筋の外側表面からではない！

・梁の鉄筋のかぶり厚さは、あばら筋の外側表面から、これを覆うコンクリート表面までの最短距離とする。

・柱・梁の配筋において、主筋にD29を使用する場合は、主筋のかぶり厚さを

主筋径の 1.5 倍以上確保する。
- スラブ・梁・基礎・擁壁で、直接土に接する部分のかぶり厚さには、捨てコンクリートの厚さを含めない。
- 土に接する基礎部分のかぶり厚さは、60 mm 以上とする。
- 目地部分におけるかぶり厚さについては、目地底から必要なかぶり厚さを確保する。

■さまざまな条件下でのかぶり厚さ

土に接しない	スラブ・非耐力壁		仕上げあり	20 mm
			仕上げなし	30 mm
	柱・梁・耐力壁	屋内	仕上げあり	30 mm
			仕上げなし	30 mm
		屋外	仕上げあり	30 mm
			仕上げなし	40 mm
	擁壁・耐圧スラブ			40 mm
土に接する	柱・梁・スラブ・壁			40 mm
	基礎・擁壁・耐圧スラブ			60 mm

■スペーサー

部位	材質	数量・配置
スラブ	鋼製・コンクリート製	・上端筋及び下端筋のスペーサーの数量／ 1.3 個 /m² 程度
梁	鋼製・コンクリート製	・間隔／ 1.5 m 程度　　・端部／ 1.5 m 以内

ここが重要！

- 柱と梁のかぶり厚さは、それぞれ帯筋とあばら筋から測定する。
- 柱と梁の主筋に D 29 を使用する場合は、主筋のかぶり厚さを主筋径の 1.5 倍以上確保する。
- スラブと梁のスペーサーの基準も押さえよう！

これも覚えよう

- 柱・梁・基礎梁・壁等のスペーサーは、側面に限り、プラスチック製でもよい。

Lesson ⑪ コンクリート工事 (1)

コンクリートに含まれる塩化物

演歌で
（塩化物）

オーソレミオ
（0.30 kg/m³）

コンクリートに含まれる塩化物
は、原則として塩化物イオン量で
0.30 kg/m³ 以下とする。

■品質管理

品質基準強度

• 設計基準強度または耐久設計基準強度のうち、大きいほうの値とする。

調合管理強度

調合管理強度＝品質基準強度＋構造体強度補正値

• 調合管理強度の管理試験用供試体の数は、1 回の試験につき 3 個とする。

• 調合管理強度の管理試験においては、1 回の試験結果が調合管理強度の 85 %
以上であり、かつ、3 回の試験結果の平均値が調合管理強度以上であること
をもって合格とする。

構造体強度補正値

• 特記がない場合は、セメントの種類及びコンクリートの打込みから材齢 28
日までの予想平均気温の範囲に応じて定める（次ページの表参照）。

構造体強度補正値の標準値（θ＝予想平均気温）

セメントの種類	構造体強度補正値	
	$6\,N/mm^2$	$3\,N/mm^2$
早強ポルトランドセメント	$0 \leqq \theta < 5$	$5 \leqq \theta$
普通ポルトランドセメント	$0 \leqq \theta < 8$	$8 \leqq \theta$

構造体コンクリート強度

- 構造体コンクリートの強度試験は、打込み日及び打込み工区ごと、かつ、150 m³ 以下にほぼ均等に分割した単位ごとに 3 個の供試体を用いて行う。
- 構造体コンクリート強度の圧縮強度推定用の供試体は、適切な間隔をあけた 3 台の運搬車を選び、1 台につき 1 個の供試体を作製する。
- 供試体の標準養生は、20 ± 2 ℃の水中養生とする。
  - 気中養生ではない！
- 現場水中養生供試体については、材齢 28 日までの平均気温が 20 ℃以上の場合、1 回の圧縮強度試験の結果（3 個の供試体の平均値）が、調合管理強度以上であることをもって合格とする。

荷卸し時の基準

コンクリートの温度	・暑中コンクリート（日平均気温の平年値が 25 ℃を超える期間）では、35 ℃以下とする。
空気量の許容差	・± 1.5 %

■鉄筋コンクリートの耐久性確保

単位水量	・ひび割れ防止のために、所要の品質が得られる範囲内で、できるだけ小さくする。
水セメント比	・塩化物の浸透による鉄筋の腐食を防止するために、小さくして密実なコンクリートとする。
塩化物量	・塩化物イオン量として 0.30 kg/m³ 以下とする。

これも覚えよう

- 軽量コンクリートに用いる人工軽量骨材は、スランプの低下等が生じないように、あらかじめ十分に吸水させたものを使用する。
- 高炉セメント B 種・C 種、フライアッシュセメント B 種・C 種は、アルカリシリカ反応の抑制に有効である。

Lesson ⑫ コンクリート工事 (2)

練混ぜ開始から打込み終了までの時間

時短バイト

25 歳以下は　2 時間 OK
（25℃以下）　　　（120 分以内）

25 歳超えたら 90 分までよ
（25℃超）　　　　（90 分以内）

90分

2 時間

コンクリートの練混ぜ開始から打込み終了までの時間は、外気温が 25 ℃以下の場合は 120 分、25 ℃を超える場合は 90 分を限度とする。

■コンクリートの打込み

練混ぜ開始から打込み終了までの時間

- 外気温 25 ℃超…90 分
- 外気温 25 ℃以下…120 分

柱の打込み

- コンクリートが分離しないように、スラブまたは梁で受けた後、柱の各面の方向から流し込むように行う。
- 階高が高い柱の打込みは、縦型シュートを用いて、コンクリートが分離しない高さから行う。

梁の打込み

- 壁・柱のコンクリートの沈みが落ち着いた後に行う。

スラブの打込み

- コンクリートの分離を防ぐため、後ろへ下がりながら行う。

■締固め
- コンクリート棒形振動機による締固めは、棒形振動機の先端が、先に打ち込まれたコンクリートの下層に入るようにして行う。
- 棒形振動機の挿入間隔を 60 cm 以下とし、加振時間は、コンクリートの表面にセメントペーストが浮くまでとする。
- コンクリート棒形振動機の引抜きは、打ち込んだコンクリートに穴を残さないように、加振しながら徐々に行う。

■打継ぎ
- 梁・スラブの鉛直打継ぎ面の位置は、そのスパンの中央または端から 1/4 付近とする。
- 柱・壁の水平打継ぎ位置は、床スラブ・梁の下端または床スラブ・梁・基礎梁の上端とする。
- コンクリートの打継ぎ面は、新たにコンクリートを打ち込む前に、レイタンスなどを取り除き、湿潤にしておく。ただし、打継ぎ面の水は、コンクリートの打込み前に高圧空気などによって取り除く。

■養生
- コンクリートの打込み後、コンクリート表面を養生マットで覆い、湿潤養生を行う。

計画供用期間「短期」・「標準」の湿潤養生期間
- 普通ポルトランドセメント…5 日以上
- 高炉セメント B 種…7 日以上

養生温度
- 寒冷期においては、コンクリートを寒気から保護し、打込み後 5 日間以上、コンクリート温度を 2 ℃以上に保つ。

これも覚えよう

- 打込み後には表面の荒均しを行い、凝結が終了する前にタンピングを行う。
- コンクリートの打込み後、少なくとも 24 時間は、その上で作業をしてはならない。
- 型枠の取外し後、有害なひび割れ及びたわみの有無を調査する。

❹章

12 コンクリート工事(2)

Lesson
⓭

鉄骨工事（1）

ボルトの締付け

継ぎあての
（継手）
中央から周辺へ
（中央から周辺部へ）
しみがつく
（締め付ける）

ボルトの締付けは、ボルト群ごと
に継手の中央部より周辺に向かう
順序で行う。

■高力ボルト接合

- 高力ボルト用の孔あけ加工は、接合面をブラスト処理する前にドリル孔あけ
  とする。 注意 ブラスト処理をした後ではない！
- 摩擦接合部の摩擦面には、錆止め塗装を行わない。
- 接合部の材厚の差により1mmを超える肌すきがある場合は、フィラープレー
  トを用いて補う。
- ボルト頭部と接合部材の面が、1/20以上傾斜している場合は、勾配座金を
  使用する。
- 継手の仮ボルトは、本接合のボルトと同軸径の普通ボルトを用い、締付け本
  数は、1群のボルト数の1/3以上かつ2本以上とする。

ボルトの締付け

- 一次締め ➡ マーキング ➡ 本締めの順で行う。
- 1群のボルトの締付けは、群の中央部から周辺に向かう順序で行う。
  注意 周辺部から中央に向かうのではない！

- ナット回転法による高力六角ボルトの本締めは、一次締付け完了後を起点として ナットを 120 度回転させて行う。

トルシア形高力ボルト締付け後の確認
- ピンテールが破断したものを合格とする。
- ボルトの余長が、ねじ 1 山〜6 山の範囲のものを合格とする。

■溶接接合
- 作業場所の気温が− 5 ℃未満の場合は、溶接を行わない。
- 作業場所の気温が− 5 ℃以上 5 ℃以下の場合は、溶接線から 100 mm 程度の 範囲を加熱して、溶接を行う。　　注意 50 mm ではない！
- 吸湿の疑いのある溶接棒は、乾燥させてから使用する。
- 溶接部の清掃作業において、溶接に支障となるものは除去する。

完全溶込み溶接
- 溶接部の余盛りは、緩やかに盛り上げる。
- 板厚が異ならない鋼材相互の突合せ継手の溶接部の余盛りの高さは、一般に、 継手の長さに応じて、0 mm 以上 4 mm 以下とする。

隅肉溶接
- 隅肉溶接の溶接長さは、有効溶接長さに隅肉サイズの 2 倍を加えたものとする。

スタッド溶接
- 溶接面に溶接作業・溶接結果に支障となる錆等がある場合は、スタッド軸径 の 2 倍以上の範囲を丁寧に除去し、清掃を行う。
- スタッド溶接後の打撃曲げ試験に使用したスタッドのうち、欠陥のないもの は、そのまま使用する。

■不合格箇所の補修
- ブローホール等の有害な欠陥がある部分は、除去した後、再溶接を行う。
- 溶接部に割れがある場合は、溶接金属を全長にわたって除去し、再溶接を行う。

これも覚えよう

- デッキプレート相互を溶接する場合は、アークスポット溶接または隅肉 溶接により行う。

Lesson
⑭

鉄骨工事（2）

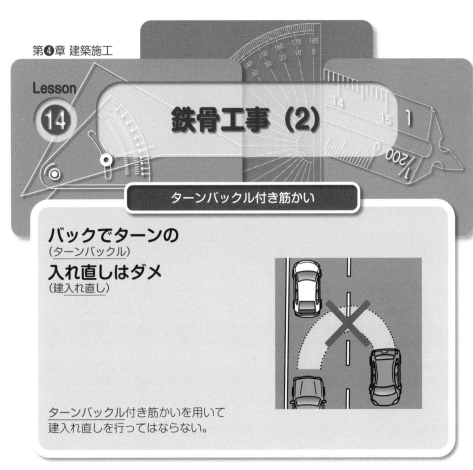

ターンバックル付き筋かい

バックでターンの
（ターンバックル）
入れ直しはダメ
（建入れ直し）

ターンバックル付き筋かいを用いて
建入れ直しを行ってはならない。

■アンカーボルトの設置

• アンカーボルトは、二重ナット及び座金を用い、ナット上部にアンカーボルトのねじ山が 3 山以上出るようにする。

■建方

• 筋かいによる補強作業は、必ず建方当日に行う。

　💥 翌日に持ち越してはならない！

建入れ直し

• 本接合に先立ち、ひずみを修正し、建入れ直しを行う。
• 建入れ直しのために加力する場合は、部材の損傷を防ぐために加力部分の養生を行う。
• 溶融亜鉛めっきを施した鉄骨の建入れ直しに当たっては、めっき面に傷がつかないように養生を行う。

- ターンバックル付きの筋かいを有する構造物においては、その筋かいを用いて建入れ直しを行ってはならない。
- 架構の倒壊防止用ワイヤーロープは、建入れ直し用に兼用してよい。

仮ボルトの締付け

- 混用接合において、普通ボルトを用いた仮ボルトの締付け本数は、1群のボルト数の1/2以上、かつ、2本以上とする。
- 柱・梁の溶接継手におけるエレクションピースに使用する仮ボルトは、高力ボルトを使用し、全数締め付ける。
- 柱接合部のエレクションピースは、あらかじめ工場において、鉄骨本体に強固に取り付ける。

建方の精度検査

- 建方が完了後、形状及び寸法精度を確認し、監理者の検査を受ける。
- 建方精度の測定は、温度の影響を考慮し、骨組全体、鋼製巻尺等の温度による変動が少ない時刻に行う。

建方の精度

名称	管理許容差	限界許容差
建物の倒れ e	$e \leqq H/4000 + 7$ mm かつ $e \leqq 30$ mm	$e \leqq H/2500 + 10$ mm かつ $e \leqq 50$ mm
建物のわん曲 e	$e \leqq L/4000 + 7$ mm かつ $e \leqq 20$ mm	$e \leqq L/2500 + 10$ mm かつ $e \leqq 25$ mm

※ H：高さ　L：長さ

■耐火被覆

吹付け工法

- 耐火被覆材を吹き付ける部分には、錆止め塗装を行わない。
- 吹付け厚さを確認するために設置する確認ピンは、確認作業後も存置してよい。

 これも覚えよう

- 軽量形鋼の切断は、機械切断とする。

4章
14 鉄骨工事(2)

Lesson ⑮

補強コンクリート ブロック工事等

縦筋の配筋

洞穴に
（空洞部）
立てこもり
（縦筋）
次の手はない
（継手）

壁縦筋は、ブロックの空洞部の中
心部に配筋し、継手は設けない。

■鉄筋の加工・組立て

• 壁縦筋は、ブロックの空洞部の中心部に配筋し、上下端を臥梁、基礎等に定
着する。

　🖈 壁縦筋には、継手を設けない！

• 直交壁のない壁横筋は、壁端部の縦筋に 180 度フックによりかぎ掛けとする。

• 壁鉄筋の重ね継手長さは 45 d とし、定着長さは 40 d とする。

• 壁鉄筋のかぶり厚さの最小値は、20 mm とし、フェイスシェルの厚さは含め
ない。

■ブロック積み

• 足場・型枠と連結しない自立式の縦遣方を設置する。

• 縦遣方を基準として、隅角部から中央部に向かって、水平に積む。

- ブロックは、フェイスシェル厚の薄いほうを下にして積み上げる。
- モルタルと接するブロック面は、付着物等を取り除き、適度に水湿しを行う。
  🔖 乾燥させるのではない！
- 臥梁の直下のブロックには、横筋用ブロックを使用する。
- 1日の積み上げ高さの限度は、1.6 m 程度とする。
- 縦目地空洞部には、ブロック2段以下ごとにモルタルを充填する。
- ブロックの空洞部の充填コンクリートの打継ぎ位置は、ブロックの上端から5 cm 程度下がった位置とする。
  🔖 上端面と同一の位置ではない！

■その他の基準

- ブロックの空洞部に電気配管を行う場合は、鉄筋のかぶり厚さに支障のないように空洞部の片側に寄せて配管する。
- 高さ 1.2 m を超え 2.2 m 以下の補強コンクリートブロック造の塀は、長さ 3.4 m 以下ごとに、控壁を設ける。
- 高さ 2 m 以下の補強コンクリートブロック造の塀の厚さは、10 cm 以上とする。

■外壁の ALC パネル工事

- パネル幅の最小限度は、300 mm とする。
- 取付け完了後、欠けや傷が見つかったときは、補修用モルタルを用いて補修する。
- パネルの短辺小口相互の接合部の目地は伸縮調整目地とし、目地幅は、耐火目地材を充填する必要がない場合、特記がなければ 10 ～ 20 mm とする。
  🔖 5 mm ではない！
- 出隅及び入隅のパネル接合部の目地は伸縮調整目地とし、目地幅は、耐火目地材を充填する必要がない場合、特記がなければ 10 ～ 20 mm とする。
- 縦壁ロッキング構法の場合、パネルとスラブとが取り合う部分の隙間には、あらかじめ絶縁材をパネルに張り付けて、モルタルを充填する。

■外壁の押出成形セメント板工事

- セメント板相互の目地幅は、特記がなければ、長辺の目地幅を 8 mm 以上、短辺の目地幅を 15 mm 以上とする。
- 出隅及び入隅のパネル接合目地は伸縮調整目地とし、目地幅は、特記がなければ、15 mm 程度とする。

Lesson **⑯**

木工事 (1)

木裏・木表

心の裏側
（樹心・木裏）

つらの皮で表に
（樹皮・木表）

樹心に近いほうを木裏、樹皮に
近いほうを木表という。

■土台・柱・横架材

土台	・ひのき、ひば等を用いる。 ・継伸しの都合上、やむを得ず短材を使用する必要がある場合は、その長さを1m程度とする。
柱	・ホールダウン金物と六角ボルトを用いて、布基礎に緊結する。 ・柱は、元口を土台側にして取り付ける。 ・心持ち材を柱として使用する場合は、背割りを入れる。
梁	・あかまつ、くろまつ等を用いる。 ・背を上にして取り付ける。
桁	・背を上にして取り付ける。 ・継伸しの都合上、やむを得ず短材を使用する必要がある場合は、その長さを2m程度とする。

・柱と土台との接合部を山形プレートで補強する箇所については、その部分の構造用合板を最小限切り欠き、切り欠いた部分の周辺に釘を増し打ちする。

■床組

根太を設けた床組
- 床下地板にパーティクルボードを使用する場合は、厚さを 15 mm 以上とする。

根太を設けない床組
- 床下地材に構造用合板を使用する場合は、厚さを 24 mm 以上とする。

構造用面材による床組
- 床組の補強においては、根太の間隔を 500 mm 以下とする。

根太の間隔
- 畳床 …… 450 mm 内外　　　• その他 …… 300 mm 内外

根太の断面寸法
- 45 mm × 45 mm 以上とする。
- 大引の間隔が 900 mm 内外の場合は、45 mm × 60 mm 以上とする。

■窓・出入口等

鴨居	• 木表に溝を付ける。
敷居	• 木表を上端にする。 • 木表に溝を彫って取り付ける。

■釘の長さ
- 原則として、打ち付ける板厚の 2.5 倍以上とする。

■木工事の用語とその説明の組合せ

仕上り寸法	• 木材表面を仕上げた後の部材断面寸法
ひき立て寸法	• 木材を製材した状態の木材断面寸法
仕口	• 2つ以上の部材に角度をもたせた接合
継手	• 材軸方向につなぐ接合
本ざねはぎ	• 板材の側面に凹凸を付けて、はめ込む方法
雇いざねはぎ	• 板材の側面に溝を彫り、その溝に細長い木片をはめ込む方法

 ここが重要！

- 床組の床下地材の厚さを押さえよう！

Lesson ⑰

木工事 (2)

羽子板ボルト

羽子板　どうかした？
（羽子板ボルト）（胴差）

どうしたかしら？
（通し柱）

胴差と通し柱との仕口の補
強には、羽子板ボルトを用
いる。

■継手

・継手は、乱に配置する。

土台	・たて枠及び床下換気口の位置を避け、腰掛け蟻継ぎまたは腰掛け鎌継ぎとする。
大引	・床束心から 150 mm 程度持ち出し、腰掛け蟻継ぎ、釘 2 本打ちとする。
小屋梁	・小径 150 mm 以上の場合、受材上で台持ち継ぎとし、六角ボルト M12 で緊結する。 ・小径 150 mm 未満の場合、斜め相欠き継ぎとする。
棟木	・束の位置を避け、小屋束より持ち出して、腰掛け鎌継ぎまたは腰掛け蟻継ぎとし、釘 2 本打ちとする。
縁甲板張り	・受材心で乱に継ぎ、隠し釘打ちとする。

■仕口

- まぐさ・窓台の仕口は、柱へ傾ぎ大入れとする。
- 小屋梁と軒桁との仕口は、かぶと蟻掛けまたは渡りあごとし、羽子板ボルト締めとする。

■接合金物

種　類	接合箇所
羽子板ボルト	• 小屋梁と軒桁、軒桁と柱、梁と柱、胴差と通し柱など
山形プレート	• 土台と柱、柱と胴差など
かど金物	• 土台と柱など
ホールダウン金物	• 柱と基礎など
かね折り金物	• 通し柱と胴差など
ひねり金物	• 垂木と軒桁など

■面材耐力壁

大壁造
- 厚さ9mm以上の構造用合板を用いる場合、釘留め間隔は、150mm以下とする。
- アンカーボルトは、耐力壁の両端の柱心から200mm以内の位置に埋め込む。

真壁造
- せっこうボードを用いる場合は、厚さ12.0mm以上とし、釘留め間隔は、150mm以下とする。

■壁胴縁・野縁

- 内装材を取り付ける壁胴縁や野縁の取付け面の加工は、機械かんな1回削りとする。

壁胴縁の取付間隔
- せっこうボード類…300mm程度
- せっこうラスボードその他…450mm程度

これも覚えよう

- せっこうラスボードの張付けにおいて、釘留め間隔を、ボード周辺部については100mm程度、その他の中間部は150mm程度とする。

Lesson ⑱

防水工事・屋根工事

シート防水工事

演歌でビール
（塩化ビニル樹脂系）

酒杯を重ねて縦横にヨレヨレ
（重ね幅・縦横方向 40 mm 以上）

塩化ビニル樹脂系ルーフィングシートを用いた防水工事においては、平場のシートの重ね幅を縦横方向いずれも 40 mm 以上とする。

■アスファルト防水工事

- 保護コンクリートに設ける伸縮調整目地のうち、パラペットに最も近い目地は、パラペットの立上りの仕上面から 600 mm 程度の位置に設ける。

- 保護コンクリートの中間部には、縦横方向いずれも 3 m 程度ごとに伸縮調整目地を設ける。

- 一般的には、アスファルトプライマーを塗布した翌日に、次の工程の施工を行う。　塗布後直ちにではない！

- アスファルトルーフィングは、水下側から水上側に向かって張り進める。

- アスファルトルーフィングの継目は、水下側のアスファルトルーフィングが水上側のルーフィングの下になるよう張り重ねる。

- ルーフドレン回りのルーフィング類の張付けは、平場に先立って行う。

- 出隅・入隅等への増張りを行った後に、平場部分への張付けを行う。

- アスファルト防水層を貫通する配管の回りは、防水層を立ち上げ、防水層端部をステンレス製既製バンドで締め付け、上部にシール材を塗り付ける。

■シーリング工事

- シーリング材の充塡作業において、充塡箇所以外の部分に付着したシリコーン系シーリング材は、硬化後に取り除く。

バックアップ材…… シーリング材と接着しないものとする。

ボンドブレーカー… シーリング材と接着しない粘着テープとする。

■屋根工事

アスファルトルーフィングの張付け

- 下葺きに用いるアスファルトルーフィングの張付けは、野地板の上に軒先と平行に敷き込み、重ね幅をシートの長手方向は 200 mm 以上、流れ方向は 100 mm 以上とする。
- 棟部分の張付けは、250 mm 以上の左右折り掛けとし、棟頂部から左右へ 1 枚ものを増張りする。
- 壁面との取合い部においては、その壁面に沿って 250 mm 以上立ち上げる。

折板葺

- タイトフレームと下地材との接合は、隅肉溶接とし、溶接後はスラグを除去し、錆止め塗料を塗り付ける。

粘土瓦葺

- 瓦桟木には、特記がなければ、幅 21 mm ×高さ 15 mm 以上の杉材等を使用する。
- 瓦の留付けに使用する緊結線は、合成樹脂等で被覆された径 1.0 mm 以上の銅線、または径 0.9 mm 以上のステンレス製とする。

屋根用化粧スレート葺

- 屋根用化粧スレートの葺板は、1 枚ごとに専用釘を用いて野地板に留め付ける。**注意** 垂木に直接留め付けるのではない！

■雨樋

- 硬質塩化ビニル製の雨樋を使用する場合は、軒樋の樋受金物の取付け間隔を 600 mm 内外とする。

ここが重要！

- 下葺きに用いるアスファルトルーフィングは、壁面との取合い部では、250 mm 以上立ち上げる！

Lesson
⑲

左官工事・タイル工事・石工事

富調合・貧調合

金持ちの仲間割れは
（富調合）　　（ひび割れ）

下でどうぞ
（下塗り）

貧しい者たちは
（貧調合）

仲良く天上へ
（上塗り）

富調合のモルタルは、ひび割れが生じやすく、上塗りモルタルには、ひび割れの生じにくい貧調合のものを用いる。

■左官工事

モルタル塗り

- 上塗りには、下塗りよりも、セメントに対する砂の割合が大きい貧調合のモルタルを使用する。
- 1回当たりの塗り厚は7mm以下とし、仕上げ厚・全塗厚は25mm以下とする。
- 1回の練り混ぜ量は、60分以内に使い切れる量とする。
- 壁塗りは、下塗り ➡ むら直し ➡ 中塗り ➡ 上塗りの順で行う。
- コンクリート床面は、コンクリート硬化後、できるだけ早く塗付けを行う。

セルフレベリング材塗り

- セルフレベリング材の標準塗厚は、10mm程度とする。
- 流し込み後、硬化するまでは、窓や出入口をふさぎ、その後は自然乾燥とする。

- セルフレベリング材の硬化後、打継ぎ部・気泡跡周辺の突起等は、サンダー等で削り取る。

せっこうプラスター塗り

- 中塗りは、下塗りが硬化した後に行う。
   半乾燥の状態のうちに行うのではない！
- 上塗りに使用するプラスターは、加水後 1.5 時間以上経過したものを用いない。
- 上塗りは中塗りが半乾燥の状態のうちに行う。

■タイル工事

セメントモルタルによるタイル張り

- 下地モルタルの乾燥が著しい夏期などは、前日に、モルタル面に散水し、十分に吸水させる。

密着張り	・タイルは、上部から下部へ、1 段置きに水糸に合わせて張った後、それらの間を埋めるように張り進める。 下部から上部へ張り進めるのではない！
改良積上げ張り	・1 日の張付け高さは、1.5 m 程度とする。
改良圧着張り	・張付け用モルタルの調合は、容積比でセメント 1：砂 2 ～ 2.5 とする。 ・タイル下地面とタイル裏面の双方に張付けモルタルを塗り付ける。
モザイクタイル張り	・あらかじめ下地となるモルタル面に水湿しを行う。 ・表張り紙の紙はがしは、張付け後に時期を見計らい、表面に水湿しをしてから行う。

接着剤張り

- 施工前に、下地が十分に乾燥していることを確認する。
- タイルの張付けに当たり、水湿し、吸水調整材の塗布は行わない。

■石工事

- 敷きモルタルの調合は、容積比でセメント 1：砂 4 とする。

外壁湿式工法	・石材の裏面とコンクリート躯体との間隔は、40 mm 程度とする。
内壁空積工法	・石材の裏面とコンクリート躯体との間隔は、40 mm 程度とする。
乾式工法	・特記がなければ、目地幅を 8 mm 以上とし、シーリング材を充填する。

Lesson
⑳

塗装工事

合成樹脂エマルションパテ

ええマンションやが
（合成樹脂エマルションパテ）

外には不向きやで
（屋外には用いない）

合成樹脂エマルションパテは、屋外には用いず、屋内のモルタル面の素地調整に使用する。

■施工管理

・気温 5 ℃以下、湿度 85 ％以上の場合は、塗装を行わない。

■素地ごしらえ

・合成樹脂エマルションパテは、屋内のモルタル面の素地調整に使用する。
　　屋外には用いない！

木部の素地ごしらえ

・汚れや付着物を除去した後、研磨紙ずりを行う。

・節止めとして、木部下塗り用調合ペイントまたはセラックニス類を塗布する。

・穴埋めとして、合成樹脂エマルションパテを使用する。

■コンクリート素地の乾燥期間

夏期 … 21 日

冬期 … 28 日

■**錆止め塗料塗り**

- 鉄鋼面の錆止め塗料塗りにおいて、見え隠れ部分については、特記がなければ、研磨紙ずりの工程を省く。
- 鋼製建具の亜鉛めっき鋼面への錆止め塗料塗りにおいて、見え隠れ部分は、組立て前の部材のうちに行う。

■**各種塗料の適用**

合成樹脂調合ペイント	・木部、鉄鋼面、亜鉛めっき鋼面
クリヤラッカー	・木部
アクリル樹脂系非水分散形塗料	・屋内のコンクリート面、モルタル面
耐候性塗料（アクリルシリコン樹脂エナメル）	・屋外の鉄鋼面、亜鉛めっき面、コンクリート面等
合成樹脂エマルションペイント	・屋内のコンクリート面、モルタル面、プラスター面、せっこうボード面、その他のボード面
オイルステイン	・木部

■**塗装の施工**

- パテかいは、塗装面のくぼみ・隙間等の部分に、パテをへらまたはこてで、薄く付ける。
- スプレーガンは、素地面に対して直角に向け、平行に動かして、1行ごとの吹付け幅の約1/3を重ねながら吹き付ける。
- ローラーブラシ塗りは、隅角部、ちり回り等を、小ばけまたは専用ローラーを用いて塗装する。
- 木部のクリヤラッカー塗りの下塗りには、ウッドシーラーを用いる。
- アルミニウム合金素地に塗装を行うに当たっては、あらかじめ陽極酸化皮膜処理を行う。
- シーリング面の塗装仕上げにおいては、シーリング材を充填し、シーリングが硬化した後に塗装を行う。　充填後、直ちに行うのではない！

これも覚えよう

- 内壁の中塗り及び上塗りにおける塗料の塗重ねは、各層において塗料の色を変える。

Lesson ㉑ 建具工事・ガラス工事・内装工事

木製建具用丁番

2 m に満たない相手には
（高さ 2.0 m 未満）
2 枚ブロック
（2 枚）
2 m 以上なら 3 枚ブロック
（2.0 m 以上 2.4 m 以下・3 枚）

木製建具用丁番の枚数は、高さ 2.0 m 未満の建具には 2 枚、2.0 m 以上 2.4 m 以下の建具には 3 枚用いる。

■建具の保管

障子…立てかけ　　フラッシュ戸 … 平積み

アルミサッシの仮置き … 立てかけ

■アルミニウム製建具

水掛り部分 … 仮留め用のくさびを取り除いて、モルタルを充填する。

水掛り部分以外 … 仮留め用のくさびを残したまま、モルタルを充填する。

・シーリング材の施工に当たっては、プライマー及びバックアップ材を用いて、2 面接着とするが、建具枠まわりの場合は、バックアップ材を省略して、3 面接着とすることができる。

■ガラス工事

・外部に面した建具に複層ガラスをはめ込む場合は、下端のガラス溝に径 6

mm 以上の水抜き孔を 2 箇所以上設ける。

- ガラスブロック積みにおいて、特記がなければ、平積みの目地幅寸法は 8 mm 以上 15 mm 以下とする。

■カーペット敷き

グリッパー工法

- 上敷きの敷詰めは、隙間・不陸をなくすように伸張用工具で幅 300 mm につき 200 N 程度の張力をかけて伸長し、グリッパーに固定する。

タイルカーペット全面接着工法

- タイルカーペット用の接着剤は、粘着はく離形とする。
- 張付けは、基準線に沿って方向をそろえ、中央部から行う。
- フリーアクセスフロア下地の場合は、張付けに先立ち、下地面の段違い、床パネルの隙間を、それぞれ 1 mm 以下に調整する。
- フリーアクセスフロア下地のタイルカーペットは、目地にまたがるように割り付ける。

■フローリング張り

- 割付けは室の中心から行い、寸法の調整は壁際で行う。
- 根太張り工法においては、フローリングボードをフロア釘（スクリュー釘）またはフロア用ステープルを用いて張り込む。
- 接着工法により直張り用複合フローリングを張り付けるに当たっては、エポキシ樹脂系、ウレタン樹脂系、または変成シリコーン樹脂系接着剤を用いる。

■ビニル床シート・せっこうボード

- ビニル床シートの張付けは、モルタル塗り下地を施工後 14 日以上放置し、乾燥させてから行う。
- 洗面脱衣室等、湿気及び水の影響を受けやすい箇所にビニル床シートを張り付けるに当たっては、エポキシ樹脂系、ウレタン樹脂系の接着剤を用いる。

せっこうボード直張り用接着剤の乾燥期間

仕上材に通気性がある場合 … 7 日以上
仕上材に通気性がない場合 … 20 日以上

■断熱材

- 木造住宅の外壁内における配管部の断熱材は、配管の外壁側に設ける。
- 木造住宅の屋根の垂木間に断熱材をはめ込む場合は、断熱層の室外側に通気層を設ける。

❹章

21 建具工事・ガラス工事・内装工事

191

Lesson

㉒

設備工事

雨水ます・汚水ます

うすいのは　だめ
（雨水ます）（泥だめ）

いちおしは
　　　（汚水ます）

濃いい番茶
（インバート）

雨水ますには泥だめを、汚水ます
にはインバートを設ける。

■給水設備

- 給水管は、断面が変形しないよう、かつ、管軸心に対して直角に切断し、切り口は平滑に仕上げる。
- 上向き給水管方式を採用した場合、給水横走り管は、先上がりの均一な勾配となるように配管する。
- 屋内給水管の防露・保温材には、特記がなければ、少なくとも厚さ 20 mm 以上の保温筒を使用する。

■給湯設備

- 給湯用配管においては、管の伸縮を妨げないよう、伸縮継手を設ける。

給湯管に用いられるもの

> - 架橋ポリエチレン管　・ポリブテン管　・ステンレス鋼管
> - 水道用耐熱性硬質塩化ビニルライニング鋼管　など
>   　ポリエチレン管は用いられない！

■排水設備

屋内排水横管の勾配

管　径	勾　配
50 mm	1 / 50
75 mm	1 / 100

• 雨水用排水ますには、深さ 150 mm 以上の泥だめを設ける。
　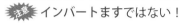 インバートますではない！

■換気設備

• 排気ダクトは、住戸内から住戸外に向かって、**先下がり勾配**となるように取り付ける。

■電気設備

• 屋内の電気配線は、弱電流電線、水道管、ガス管などに接触しないように離隔して施設する。
• メタルラス張りの壁にスイッチボックスを設ける場合は、スイッチボックス周辺のメタルラスを**切り取る**。

■警報設備

• LP ガス（液化石油ガス）のガス漏れ警報設備の検知器は、ガス燃焼器から水平距離 4 m 以内、かつ、その上端が床面から上方 0.3 m 以内のなるべく低い位置となるように取り付ける。　LP ガスは、空気より**重い**！
• 都市ガスのガス漏れ警報設備の検知器は、その下端が天井面から下方 0.3 m 以内で、かつ、ガス燃焼機器から水平距離 8 m 以内の位置に取り付ける。
　都市ガスは、空気より**軽い**！
• 住宅用防災警報器は、天井面から下方 0.15 m 以上 0.5 m 以内の位置にある壁の屋内に面する部分、または天井に取り付ける。

これも覚えよう

• 給水管と排水管を平行に地中に埋設する場合は、両配管の水平間隔を 500 mm 以上とし、給水管が排水管の上方となるようにする。

章 ④ 22 設備工事

Lesson
㉓

改修工事

せっこうボード壁面

この角煮　メスかしら
（スクエアエッジ・目透し工法）

次は手羽
（継目処理工法・テーパーエッジ）

目地を見せる目透し工法にはスクエア
エッジ付き、目地を見せない継目処理
工法にはテーパーエッジ付きのせっこ
うボードを用いる。

■外壁改修工事

モルタル塗り仕上げ外壁

- 充塡工法は、欠損部の面積が1箇所当たり 0.25 m² 程度以下の場合に採用する。
- ひずみ・不陸等の著しい箇所は、目荒し、水洗い等のうえ、モルタルまたは下地調整塗材で補修し、14 日以上放置する。
- コンクリート・モルタルの素地面に合成樹脂エマルションペイントを塗布する。　注意 合成樹脂調合ペイントではない！

コンクリート外壁

- ひび割れ部分には、エポキシ樹脂を注入する。

タイル張り仕上げ外壁

- 外壁のタイル張替え工事において、張付け後のタイルの引張接着強度は、接着力試験機を用いて測定する。

■内装改修工事

床

- タイルカーペットの張付けには、粘着はく離形接着剤を使用する。
- ビニル床シートの張付け前のモルタル下地の乾燥程度の確認のため、高周波式水分計による計測等を行う。

天井

- 天井のふところが 1.5 m 以上の場合は、補強用部材等を用いて、吊りボルトの水平補強・斜め補強を行う。

目地工法とせっこうボードのエッジ

継目処理工法	・テーパーエッジ、ベベルエッジ
目透し工法・突きつけ工法	・スクエアエッジ、ベベルエッジ

■建具改修工事

アルミニウム製建具のかぶせ工法

- 既存建具の外周枠を残し、その枠に新規のアルミニウム製建具を取り付ける。
- かぶせ工法において、既存枠へ新規に建具を取り付ける場合、小ねじの留付け間隔は、端部で 100 mm 以下、中間部で 400 mm 以下とする。

■防水改修工事

既存防水層の処理

- 既存防水層撤去後のコンクリート面において、幅 2 mm 以上のひび割れに対しては、ポリウレタン系シーリング材等を充填する。

　　注意　幅 2 mm 未満の場合は、ポリマーセメントモルタル等で補修する！

シーリング再充填工法

- 既存のシーリング材をできる限り除去し、コンクリートの目地部の軽微な欠損部は、ポリマーセメントモルタル等で補修する。

ここが重要！

- かぶせ工法によるアルミニウム製建具の改修工事で、既存枠へ新規に建具を取り付ける場合の小ねじの留付け間隔は、中間部を 400 mm 以下とする。500 mm とするひっかけ問題に気をつけよう。

Lesson
㉔

工法・機械・器具等

振動コンパクター

コンパクトな振動で
（振動コンパクター）

ズボンを閉めたカメ
（地盤の締固め）

振動コンパクターは、
地盤の締固めに用い
る施工機械である。

■建築工事と工法の組合せ

工　事	工　法	作業対象等
山留め工事	親杭横矢板工法	・低水位地盤
	地盤アンカー工法	・軟弱地盤
杭地業工事	リバース工法	・場所打ち杭
	オールケーシング工法	・場所打ち杭
	プレボーリング根固め工法	・既製杭
鉄筋工事	グリップジョイント工法	・鉄筋の継手
タイル工事	密着張り（ヴィブラート工法）	・壁タイル張り
	マスク張り工法	・壁タイル張り
防水工事	トーチ工法	・におい対策

耐震改修工事	連続繊維補強工法（炭素繊維補強）	・柱・梁補強

■施工機械・器具

工　事	機械・器具	作　業
土工事	クラムシェル	・土砂の掘削
	ドラッグライン	・水中掘削
	パワーショベル	・掘削機械の接地面よりも高い位置の土砂の掘削
	バックホウ	・掘削機械の接地面よりも低い位置の土砂の掘削
	振動コンパクター	・地盤の締固め
杭工事	ディーゼルハンマー	・既製コンクリート杭の打込み
鉄骨工事	ラチェットレンチ	・ボルトの締付け
	電動式インパクトレンチ	・トルシア形高力ボルトの一次締付け
鉄筋工事	シヤーカッター	・鉄筋の切断
木工事	サンダー	・木材表面の仕上げ

■測量機器

水準測量	・標尺 ・レベル
トラバース測量	・トータルステーション ・セオドライト ・トランシット
平板測量	・磁針箱 ・アリダード
距離測量	・鋼製巻尺
面積測定	・プラニメーター

ここが重要！

・振動コンパクターは、既製コンクリート杭の打込みに使用するとするひっかけ問題が出るぞ。気をつけよう！

❹章

24 工法・機械・器具等

Lesson
㉕

建築積算

工事価格

こうじ元気か？
（工事原価）
1個のパンと缶コーヒーで
（一般管理費）
こうじカッカくる
（工事価格）

工事価格は、工事原価と
一般管理費を合わせた
ものである。

■用語

設計数量	・設計図書に記載されている個数及び設計寸法から求めた長さ、面積、体積等の数量。
計画数量	・設計図書に基づいた施工計画により求めた数量。
所要数量	・定尺寸法による切り無駄や、施工上やむを得ない損耗を含んだ数量。
工事原価	・純工事費と現場管理費とを合わせたもの。
複合単価	・材料費や労務費など、2種類以上の費用を合わせたもの。
共通費	・共通仮設費、一般管理費等及び現場管理費とを合わせたもの。
純工事費	・直接工事費と共通仮設費とを合わせたもの。
共通仮設	・複数の工事種目に共通して使用する仮設。

■建築数量積算基準

仮設

- 遣り方の数量は、建築面積により算出する。
- 外部本足場の数量は、足場の中心（構築物等の外壁面から 1.0 m の位置）の水平長さと構築物等の上部までの高さによる面積により算出する。

土工

- 土砂量は、地山数量とし、掘削による増加、締固めによる減少は考慮しないで算出する。

コンクリート部材

- コンクリートの数量は、鉄筋及び小口径管類によるコンクリートの欠除はないものとして算出する。
- 型枠の数量は、各部材の接続部の面積が 1.0 m² を超える場合は、その面積を差し引いて算出する。
- 型枠の数量は、開口部の内法の見付面積が 1 か所当たり 0.5 m² 以下の場合は、型枠の欠除はないものとして算出する。

鉄筋

- 鉄筋の所要数量は、その設計数量の 4%の割増を標準として算出する。

鉄骨

- 鉄骨の溶接数量は、溶接の種類に区分し、溶接断面形状ごとに長さを求め、隅肉溶接脚長 6 mm に換算した延べ長さにより算出する。
- 形鋼、鋼管及び平鋼の所要数量は、設計数量の 5%の割増として算出する。

仕上

- 開口部の面積が 1 か所当たり 0.5 m² 以下の場合は、その部分の仕上の欠除はないものとして算出する。
- シート防水の数量は、シートの重ね代の面積を除いて算出する。

ここが重要！

- シート防水等の重ね代は、計測の対象とならない。
- 土砂量や所要数量についても頻出だ。しっかり押さえよう。

これも覚えよう

直接仮設…工事種目ごとの複数の工事科目に共通して使用する仮設
専用仮設…工事種目ごとの工事科目で単独に使用する仮設

Lesson
㉖

請負契約

請負契約書の主な記載事項

天才はぶかっこうでも
（天災・不可抗力）

ウケルけん
（請負代金・検査）

ふーん、そう
（紛争）

天災その他不可抗力による損害の負担に関する定め、請負代金の支払時期と方法、完成確認検査の時期と方法、契約に関する紛争の解決方法は、請負契約書の記載事項である。

■請負契約書の主な記載事項

① 工事内容

② 請負代金の額

③ 工事着手の時期及び工事完成の時期

④ 工事を施工しない日または時間帯の定めをするときは、その内容

⑤ 請負代金の全部または一部の前金払または出来形部分に対する支払の定めをするときは、その支払の時期及び方法

⑥ 天災その他不可抗力による工期の変更または損害の負担及びその額の算定方法に関する定め

⑦ 注文者が工事の全部または一部の完成を確認するための検査の時期及び方法並びに引渡しの時期

⑧ 工事完成後における請負代金の支払の時期及び方法

⑨ 契約に関する紛争の解決方法

注意 主任技術者・監理技術者の氏名・資格は、請負契約書の記載内容ではない！

■民間（七会）連合協定工事請負契約約款

- 発注者は、受注者、監理者または設計者（その者の責任において設計図書を作成した者をいう。）の求めにより、設計意図を正確に伝えるため設計者が行う質疑応答または説明の内容を受注者及び監理者に通知する。

- 工事請負契約約款の各条項に基づく協議、承諾、承認、確認、通知、指示、催告、請求等は、原則として、書面により行う。

- 受注者は、工事請負契約を締結したのち速やかに請負代金内訳書及び工程表を発注者に、それぞれの写しを監理者に提出し、請負代金内訳書については監理者の確認を受ける。

- 受注者は、工事現場における施工の技術上の管理をつかさどる主任技術者または監理技術者を置き、その氏名を書面をもって発注者に通知する。

- 施工のため第三者に損害を及ぼしたときは、受注者がその損害を賠償する。ただし、その損害のうち発注者の責めに帰すべき事由により生じたものについては、発注者の負担とする。

- 受注者は、工事の施工中、この工事の出来形部分と工事現場に搬入した、工事材料、建築設備の機器などに火災保険または建設工事保険を付し、その証券の写しを発注者に提出する。

- 発注者は、工期の変更をするときは、変更後の工期をこの工事を施工するために通常必要と認められる期間に比して著しく短い期間としてはならない。

- 受注者は、発注者に対して、工事内容の変更（施工方法等を含む。）及び当該変更に伴う請負代金の増減額を提案することができる。

- 工事完了前に契約が解除されたときは、発注者が工事の出来形部分並びに検査済みの工事材料及び設備の機器（有償支給材料を含む。）を引き受けるものとし、発注者が受ける利益の割合に応じて受注者に請負代金を支払う。

■民間建設工事標準請負契約約款（甲）・（乙）

- 発注者及び受注者は、原則として、この契約により生ずる権利または義務を第三者に譲渡し、または承継させることはできない。

- 発注者は、受注者が正当な理由なく履行の追完を行わないときは、書面で受注者に通知して工事を中止し、またはその履行の催告を書面で受注者に通知しその期間内に履行がないときはこの契約を解除することができる。

 これも覚えよう

- 請負代金額の変更等は、現場代理人が行使できる権限に含まれない。

❹章

26 請負契約

覚えておきたい公式

■図心を求める式

X 軸方向の図心の座標

$$x_0 = \frac{S_y}{A}$$

A：断面積
S_y：断面一次モーメント

Y 軸方向の図心の座標

$$y_0 = \frac{S_x}{A}$$

A：断面積
S_x：断面一次モーメント

■断面二次モーメントを求める式

$$I = \frac{bh^3}{12}$$

■単純梁の最大曲げモーメントを求める式

集中荷重を受ける場合

$$M_{max} = \frac{Pl}{4}$$

等分布荷重を受ける場合

$$M_{max} = \frac{wl^2}{8}$$

■最大曲げ応力度を求める式

$$\sigma_b = \frac{M_{max}}{Z}$$

σ_b　：最大曲げ応力度
M_{max}：最大曲げモーメント
Z　：断面係数

これだけ覚える！
2級建築士　スピード攻略
'24年版

第❷部
頻出項目攻略編

Lesson 01 歴史的建築物のここに注意！

■日本の歴史的建築物

大社造りと神明造りの正面に注意！

大社造り
出雲大社（島根県）
•妻入り…屋根の妻側から入る。

大社造り

神明造り

神明造り
伊勢神宮内宮正殿（三重県）
•平入り…平側から入る。

薬師寺東塔

薬師寺東塔は三重塔だ！

　薬師寺東塔（奈良県）は、各重に裳階
が付いた三重塔である。見た目に惑わさ
れないようにしよう！

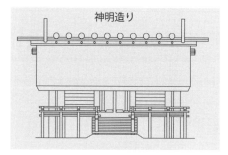

鎌倉・室町時代の建築物は様式に注意！

　東大寺南大門（奈良県）は、東大寺再建の際に、重源によりもたらされた大仏様（天竺様）の建築物、円覚寺舎利殿（神奈川県）は、部材が細く、屋根の反りが強い禅宗様（唐様）の建築物だ。

　東大寺の大仏と、円覚寺が禅宗であることを思い出せば、間違えないはず。

■西洋の歴史的建築物

教会建築の様式を押さえろ！

　サン・ピエトロ大聖堂（バチカン）は、バロック様式の建築物だ。ビザンチン建築だとするひっかけ問題が頻出なので、気をつけよう。

　また、ミラノ大聖堂（ミラノ）は、後期ゴシック様式の建築物だ。これも、ロマネスク建築だとするひっかけ問題が頻出だ。気をつけよう。

ハギア・ソフィア大聖堂（イスタンブール）	ビザンチン様式
ピサ大聖堂（ピサ）	ロマネスク様式
ノートルダム大聖堂（パリ）	初期ゴシック様式
ミラノ大聖堂（ミラノ）	後期ゴシック様式
フィレンツェ大聖堂（フィレンツェ）	ルネサンス様式
サン・ピエトロ大聖堂（バチカン）	バロック様式

建造年代の古い順はこれだ！

・パルテノン神殿………………（古代ギリシャ建築・ギリシャ）
　　　⬇
・コロッセウム…………………（ローマ建築・イタリア）
　　　⬇
・ハギア・ソフィア大聖堂……（ビザンチン建築・トルコ）
　　　⬇
・ノートルダム大聖堂…………（ゴシック建築・フランス）
　　　⬇
・フィレンツェ大聖堂…………（ルネッサンス建築・イタリア）
　　　⬇
・サン・ピエトロ大聖堂………（バロック建築・バチカン）

温度・湿度はセットで覚える！

■室内の空気環境

　室内の空気環境に関する問題では、温度と湿度をセットにして覚えておくのが効果的だ。まずは、用語の説明からしておこう。

乾球温度 … ふつうにいう気温のこと。

湿球温度 … 水分の蒸発により熱が奪われるため、乾球温度より低くなる。空気が乾燥しているほど低くなる。

相対湿度 … ふつうにいう湿度のこと。空気中に含まれる水蒸気の割合。

絶対湿度 … 空気中に含まれる水蒸気の重量。

露点温度 … 空気を冷却していって水蒸気の凝結が始まる温度。

■気温が一定の場合の湿度

　ここで、乾球温度（気温）が同じ場合の相対湿度を見てみよう。

> 「乾球温度と湿球温度の差が大きいほど、相対湿度は低くなり、差が小さいほど、相対湿度は高くなる。」

　乾球温度と湿球温度の差が大きいということは、湿球温度計から奪われる熱の量が大きいので、空気が乾燥しているということであり、差が小さいということは、奪われる熱の量が小さい、つまり、蒸発量が少ないので、空気が湿っていることを表している。乾球温度と湿球温度の違いがわかれば、ごく当たり前のこととして理解できるだろう。

　さらに乾球温度（気温）が同じ場合の相対湿度と絶対湿度の関係を見てみよう。

> 「相対湿度が半分になると、絶対湿度も約半分になり、相対湿度が高くなれば、絶対湿度も高くなる。」

　絶対湿度は、乾燥空気 1 kg（1 m³）中の水蒸気の重量で表されるから、気温

が一定の場合、空気中の水蒸気の割合（相対湿度）が半分になれば、その重量も約半分となり、その割合が高まれば、重量も増えるというのは、これも当たり前のこととして理解できるだろう。

■絶対湿度が一定の場合の現象

つぎに、絶対湿度が同じ場合の現象について見てみよう。

「絶対湿度が同じであれば、空気を加熱すると、その空気の相対湿度は低くなり、空気を冷却すると、相対湿度は高くなる。」

相対湿度とは、厳密にいえば、空気中の水蒸気量の、そのときの気温における飽和水蒸気量に対する割合を、パーセンテージで表したものである。飽和水蒸気とは、そのときの気温において $1 m^3$ の空気中に存在できる水蒸気の最大量で、気温が上がるとその量も多くなる。

絶対湿度が同じである場合、飽和水蒸気量が多くなれば、それだけその空気中の水蒸気の割合は小さくなるので、相対湿度は低くなるのだ。逆に、空気を冷却すると、飽和水蒸気量が少なくなって、水蒸気の割合は大きくなり、相対湿度は高くなる。

「絶対湿度が同じであれば、空気を加熱・冷却しても、露点温度は変化しない。」

露点温度とは、空気中の水蒸気が凝結を始める温度のことをいう。それはつまり、相対湿度が100％に達したとき、飽和水蒸気量と絶対湿度が等しくなったときと言い換えることができる。絶対湿度は一定なので、気温の変化とともに相対湿度は変化するが、絶対湿度は変化しない。したがって、飽和水蒸気量と絶対湿度が等しくなる温度、すなわち露点温度は一定で、空気を加熱・冷却しても、露点温度は変化しないのだ。

露点温度は、空気中の水蒸気の量（絶対湿度）によって決まると考えてよい。

 押さえておこう

- ある空気を露点温度以下に冷却した後、元の温度に加熱すると、水蒸気の凝結後にその空気中の水蒸気量は減っているので、相対湿度は低くなる。
- 湿り空気線図において、2種類の空気を同量ずつ混合した場合、それぞれの空気の点を直線で結んだ線分の中点の乾球温度と相対湿度が得られる。

Lesson
03

音は聞こえ方に注目！

■音の高さ

音は聞くもの、聞こえるものだ。音に関する問題は、聞こえ方に注目するだけで、かなりわかりやすくなる。

モスキート音というのをご存じだろうか。蚊が飛ぶとき、プ〜ンと耳元でうなる音のことだ。この蚊の羽音は、年を取るほど聞こえなくなってくる。つまり、年を取るほど、高い周波数の音が聞こえにくくなってくるのだ。

音の高さは、周波数の高低、つまり、振動数の多さで決まる。蚊の羽音のように、振動数が多い音は高音、ヘリコプターのプロペラのように、振動数の少ない音は低音となる。

周波数を表す単位はヘルツ（Hz）で、20 歳前後の正常な聴力をもつ人が聞くことのできる音の周波数の範囲は、20 〜 20,000 Hz 程度とされているぞ。

■音の大きさ

音の高さとは別に、音の大きさも、すぐに聞き分けることができるものだろう。太鼓のように大きい音、箸で茶碗を叩く小さい音を思い浮かべればすぐわかる。

音の大きさは、周波数の数ではなく、波の大きさによって変わってくる。波の振れ幅が大きいと大きい音、小さいと小さい音として感じられる。この音の波による空気の圧力変化の量を「音圧」と呼び、音圧が大きいほど、大きい音として感じられるのだ。

圧力を表す単位は、気圧などでもおなじみのパスカル（Pa）だが、音については、基準となる音圧に対する比の対数である「音圧レベル」を用い、デシベ

ル（dB）で表す。

先ほどの周波数との関連でいえば、音圧レベルが同じ場合、3,000 ～ 4,000 Hz 程度の音が最も大きく聞こえる。

■室内騒音

騒音の問題も、聞こえ方でかんたんにわかる。本試験問題では、室内騒音の許容値に関して問われるが、許容値とはつまり、その値が大きいほど、多少うるさくても許されるということだ。あの人は、ふところが深い、許容量が大きい、などというときのことを思い浮かべれば、意味がつかめるだろう。

つまり、「音楽ホール」と「住宅の寝室」を比べた場合、静かに音楽を聴くべき「音楽ホール」のほうが、許容値が小さいことになる。「図書館の閲覧室」と比べても、「音楽ホール」のほうが小さい。それだけ「音楽ホール」では、静寂が求められているということだ。

■透過損失

同じように、壁の透過損失という聞きなれない用語の問題も理解できる。透過損失とはつまり、音が壁を透り抜けることによって小さく聞こえることをいう。家の中で聞く道路の騒音と、外に出て聞く道路の騒音の大きさの違いを考えればよくわかるだろう。つまり、透過損失が大きいほど、壁の遮音性能が優れていることになる。

ちなみに、同じ厚さの一重壁であれば、一般に、壁の単位面積当たりの質量が大きいものほど、透過損失が大きい。

押さえておこう

- 音が球面状に一様に広がる点音源の場合、音源からの距離が 2 倍になると音圧レベルは約 6 dB 低下し、1/2 になると音圧レベルは約 6 dB 上昇する。頻出なので、しっかり覚えよう！
- 室内騒音の許容値を NC 値で示す場合、NC 値が大きくなるほど許容される騒音レベルは高くなる。
- 残響時間とは、音源から発生した音が停止してから、室内の平均音圧レベルが 60 dB 低下するまでの時間をいう。
- 日本産業規格（JIS）における床衝撃音遮断性能の等級 Lr については、その数値が小さくなるほど衝撃音の遮断性能が高くなる。

Lesson
04

一戸建て住宅の計画は
この数値を覚える！

■各部の計画

ダイニングの目安

例	食卓	食器棚	内法面積
1	6人掛け　1,800 × 750 mm	1,800 × 450 mm	13 m²
2	4人掛け　1,200 × 750 mm	1,200 × 450 mm	11 m²

夫婦寝室の目安

例	ベッド	収納スペース	内法面積
1	ツイン（シングル2台）1台 1,000 × 1,950 mm	2,400 × 600 mm	15 m²
2	ダブル　1,400 × 1,950 mm	2,400 × 600 mm	13 m²

玄関

インタホンの取付け高さ	玄関ポーチ床面から 1,400 mm 程度

浴室

浴槽の縁の高さ	洗い場床面から 300 ～ 450 mm

手摺

屋内階段	踏面の先端の位置から 750 ～ 850 mm
バルコニー	床面から 1,100 mm 以上

■高齢者や車椅子使用者に配慮した計画

階段

勾配	6/7 以下
踏面	195 mm 以上
手摺の直径	30 〜 40 mm
手摺の高さ	段鼻から 750 〜 850 mm
足下灯の高さ	昇り口 1 段目の踏面上方 200 〜 300 mm

台所

カウンター下のクリアランス	高さ 600 mm、奥行 450 mm

洗面所・浴室

洗面器上端の高さ	床面から 750 mm 程度
浴槽	深さ 500 mm 以内

便所

洋式便所の広さ	内法寸法　1,400 × 1,800 mm

居室の出入口

出入口前後のスペース	内法寸法　1,400 × 1,400 mm 程度

玄関

くつずりと玄関外側の高低差	20 mm 以内

駐車スペース

スペース幅	3.5 m 以上

 押さえておこう

- ツインベッドを用いる夫婦寝室の広さが、内法面積で 9 m² では狭すぎる。
- 江戸間は、柱心の間隔を基準寸法の整数倍とし、京間は、柱と柱の内法寸法を基準寸法の整数倍とする。

Lesson
05

集合住宅は「コ」の字に注意！

■頭に「コ」がつく用語

集合住宅の計画に関連する用語では、「コ」の字がつくものが多くある。「コ」の字がつく用語を覚えておけば、頻出事項の1/3以上を覚えられるぞ。

まずは、頭に「コ」の字がつく用語を見てみよう。

コモンアクセス

接地型（各戸が地面に接する）の集合住宅におけるコモンアクセスは、共用の庭に接したアクセス路を通って各住戸に入るので、居住者同士の交流を促しやすい。これに対して、路地から各住戸に入るのが、路地アクセスだ。

コモンアクセス

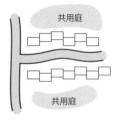

路地アクセス

コーポラティブハウス

住宅入居希望者が集まって組合を作り、協力して企画・設計から入居・管理までを運営していく方式の集合住宅。協同組合のコープを思い出せば、すぐ覚えられる。

コレクティブハウス

厨房や食堂などを共用する形式で、個人のプライバシーを尊重しつつ、子育てや家事等の作業を共同で担い合う相互扶助的なサービスと住宅とを組み合わせた集合住宅。トイレや浴室などは各戸に設けられていて、独立した生活を確保できる。

「コーポラティブハウス」と「コレクティブハウス」は、ひっかけ問題として出題されるので、違いをよく覚えておこう。

コンバージョン

　「コンバージョン」とは、既存の建物を、用途変更・転用して用いることをいう。廃校になった小学校をコミュニティ施設に転用したり、事務所ビルを集合住宅に転用したりする例が見られる。

　これらの用語は、元の英語の意味を知っていれば、かんたんに理解できる。

cooperative	・助け合う　・協力的な
collective	・共有する　・集団の
conversion	・変更　・転換　・改装　・改築

■あいだに「コ」のつく用語

　頭ではなく、単語の中に「コ」がつく用語もある。ただし、これも意味の上からは、頭ともいえるのだが。

ツインコリドール型

　「コリドール」とは、通路や回廊のことをいう。「ツイン」は、ツインタワーやツインベッドというように、双子や対になっているもののことをいうので、「ツインコリドール」とは、文字通り、１対の廊下のことだ。ツインコリドール型は、住棟を南北軸

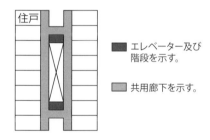

に配置することが多く、中廊下型に比べて、**通気や換気がしやすいのが特徴**だ。

フライングコリドー

　「コリドー」も読み方の違いだけで、「コリドール」と同じだ。通路・廊下がflying しているので、空飛ぶ廊下、空中廊下のことをいい、プライバシーの確保や、通風・採光などのために、共用廊下を住戸から離して設けたものだ。

押さえておこう

- コモンアクセス、コーポラティブハウス、コレクティブハウスは、誤りの肢として出題されることが多い。しっかり覚えよう。
- ツインコリドール型と同じく、中廊下型も、住棟を南北軸として配置することが多い。東西軸とするひっかけ問題が出るから、気をつけよう。

内装制限を受ける条件を極める！

■内装制限を受ける特殊建築物等

内装制限に関する出題は、ほぼ建築基準法施行令 128 条の 4「制限を受けない特殊建築物等」と 128 条の 5「特殊建築物等の内装」に限られるといってもいい。

まずは、128 条の 4 の規定を見てみよう。P.78 にも掲げた次の表を確認してほしい。

用 途	耐火建築物	準耐火建築物	その他の建築物
劇場、映画館等 （別表第一（い）欄（1）項）	客席 $\geq$ 400 m^2	客席 $\geq$ 100 m^2	客席 $\geq$ 100 m^2
病院、ホテル等 （別表第一（い）欄（2）項）	3 階以上 $\geq$ 300 m^2	2 階 $\geq$ 300 m^2	当該用途に供する部分 $\geq$ 200 m^2
百貨店、料理店等 （別表第一（い）欄（4）項）	3 階以上 $\geq$ 1,000 m^2	2 階 $\geq$ 500 m^2	当該用途に供する部分 $\geq$ 200 m^2

ここで重要なのは、別表第一（い）欄（1）項、（2）項、（4）項のそれぞれに含まれるものはどれかということだ。

別表第一（い）欄（1）項に該当するもの

・劇場 ・映画館 ・演芸場 ・観覧場 ・公会堂 ・集会場

別表第一（い）欄（2）項に該当するもの

- 病院　・診療所（患者の収容施設があるものに限る。）
- ホテル　・旅館　・下宿　・共同住宅　・寄宿舎
- 児童福祉施設等（幼保連携型認定こども園を含む。）
※「児童福祉施設等」には、有料老人ホームや障害者支援施設も含まれる。

別表第一（い）欄（4）項に該当するもの

• 百貨店	• マーケット	• 展示場	• キャバレー
• カフェー	• ナイトクラブ	• バー	• ダンスホール
• 遊技場	• 公衆浴場	• 待合	• 料理店　　　　• 飲食店

• 物品販売業を営む店舗（床面積が 10 m² 以内のものを除く。）

　別表第一（い）欄（3）項に該当する学校、体育館、博物館等は、内装の制限を受けないので、注意しよう。

■特殊建築物等の内装

　128 条の 5 については、まず、内装の仕上げを準不燃材料でしなければならないものと、難燃材料を使用することができるものとを区別しよう。

難燃材料とすべきもの

• 内装の制限を受ける居室の壁及び天井の室内に面する部分

準不燃材料とすべきもの

• 内装の制限を受ける特殊建築物の居室から地上に通ずる主たる廊下の壁及び天井の室内に面する部分

• 3 階以上の階に居室を有する特殊建築物の当該各用途に供する居室の**天井**の室内に面する部分

　　注意 壁ではない！

• 内装の制限を受ける調理室等の壁及び天井の室内に面する部分

• 自動車車庫または**自動車修理工場**の当該各用途に供する部分及びこれから地上に通ずる主たる通路の壁及び天井の室内に面する部分

　なお、回り縁、窓台等は、内装制限の対象とはならない。気をつけよう。

押さえておこう

• 自動車車庫または自動車修理工場の壁については、居室の場合とは異なり、「床面からの高さが 1.2 m 以下の部分」を除外する規定はない。

• 仕上げを、不燃材料でしなければならないとするひっかけ問題もある。気をつけよう。

• 内装の制限を受ける特殊建築物の居室から地上に通ずる主たる廊下の壁及び天井の室内に面する部分の仕上げは、難燃材料でしなければならないとするひっかけ問題が頻出だ。注意しよう。

用途制限は
ここを押さえる！

■住居専用地域

　第一種中高層住居専用地域まで及び田園住居地域では、「建築することができる建築物」が定められていて、それ以外のものは原則として建築してはならない。

第一種低層住居専用地域に建築できるもの

- 延べ面積の 1/2 以上を居住用とし、かつ、所定の用途に供する店舗等兼用住宅（それらの用途に供する部分の床面積の合計が 50 m² を超えるものを除く。）
- 延べ面積 600 m² 以内の地方公共団体の支庁・支所、老人福祉センター、児童厚生施設

　　注意 コンビニエンスストアは建築できない！

第二種低層住居専用地域に建築できるもの

- 第一種低層住居専用地域に建築できるものに加えて、店舗・飲食店等で、その用途に供する部分の床面積の合計が 150 m² 以内のもの（3 階以上の部分をその用途に供するものを除く。）

　　注意 延べ面積 150 m² 以内の学習塾は建築できる！

第一種中高層住居専用地域に建築できるもの

- 第一種低層住居専用地域に建築できるものに加えて、店舗・飲食店（銀行の支店・宅地建物取引業を営む店舗等を含む）等で、その用途に供する部分の床面積の合計が 500 m² 以内のもの（3 階以上の部分をその用途に供するものを除く。）
- 自動車車庫で床面積の合計が 300 m² 以内のもの（3 階以上の部分をその用途に供するものを除く。）

田園住居地域に建築できるもの

- 地域で生産された農産物の販売を主たる目的とする店舗で、その用途に供する部分の床面積の合計が 500 m² 以内のもの（3 階以上の部分をその用途に供するものを除く。）

■その他の用途地域

　上記以外の用途地域については、「建築してはならない建築物」が定められている。ここからは、過去の出題から、ポイントとなるものを挙げていこう。

第二種中高層住居専用地域

- 延べ面積 15 m² を超える畜舎は建築できない。
- バッティング練習場等の運動施設は建築できない。
- 作業場の床面積が 50 m² 以内のパン屋等の工場は建築できる。
- 自家用の倉庫は建築できる。

第一種・第二種住居地域

- 劇場、演芸場等は建築できない。
- 倉庫業を営む倉庫は建築できない。
- 保健所は建築できる。

準住居地域

- 劇場等で客席部分の床面積の合計が 200 m² 以上のものは建築できない。
- ナイトクラブ等で、その用途に供する部分の床面積の合計が 200 m² 以上のものは建築できない。

近隣商業地域

- 日刊新聞の印刷所は建築できる。
- キャバレー、料理店等は建築できない。

工業地域

- 共同住宅、寄宿舎等は建築できる。
- 図書館、博物館等は建築できる。

工業専用地域

- 銀行の支店は建築できる。
- 幼稚園等の学校は建築できないが、**幼保連携型認定こども園は建築できる**。
- 共同住宅、寄宿舎等は建築できない。
- ゴルフ練習場等の運動施設は建築できない。
- 物品販売業を営む店舗・飲食店は建築できない。

 押さえておこう

- マージャン屋、ぱちんこ屋、カラオケボックスは、第一種住居地域に建築してはならない。

延べ面積・容積率・建蔽率の重点チェック！

■延べ面積に算入しないもの

容積率の算定の基礎となる延べ面積に算入しないもの。

部 分	限 度
自動車車庫等の用途に供する部分	1/5
専ら防災のために設ける備蓄倉庫の用途に供する部分	1/50
床に据え付ける蓄電池を設ける部分	1/50
自家発電設備を設ける部分	1/100
貯水槽を設ける部分	1/100
宅配ボックスを設ける部分	1/100

その他

- 昇降機の昇降路または共同住宅・老人ホーム等の共用の廊下・階段、住宅・老人ホーム等の機械室等の床面積は、延べ面積に算入しない。
- 建築物の地階でその天井が地盤面からの高さ 1 m 以下にあるものの住宅・老人ホーム等の用途に供する部分の床面積は、当該建築物の住宅・老人ホーム等の用途に供する部分の床面積の合計の 1/3 を限度として、延べ面積に算入しない。

■容積率に関する注意点

用途地域の指定のない区域内の建築物

- 特定行政庁が土地利用の状況等を考慮し当該区域を区分して都道府県都市計画審議会の議を経て定める。
- 注意 地方公共団体が定めるのではない！

敷地が容積率の制限の異なる区域にわたる場合

- 容積率は、各区域内の建築物の容積率の限度に、その敷地の当該区域内にある各部分の面積の敷地面積に対する割合を乗じて得たものの合計以下とする。

注意 敷地の過半の属する区域の容積率の制限を適用するのではない！

住宅用建築物の容積率緩和

- 敷地内に政令で定める規模以上の空地（道路に接して有効な部分が政令で定める規模以上であるものに限る。）を有し、かつ、その敷地面積が政令で定める規模以上である場合に、容積率の緩和が認められるのは、以下の地域である。

- 第一種住居地域　　・第二種住居地域　　・準住居地域　　・近隣商業地域
- 準工業地域もしくは商業地域（高層住居誘導地区及び特定行政庁が都道府県都市計画審議会の議を経て指定する区域を除く。）
　　　注意 第一種低層住居専用地域は対象ではない！

■建蔽率の適用

建蔽率の規定が適用されないもの

- 防火地域（建蔽率の限度が8／10とされている地域に限る。）内にある耐火建築物等
　　注意 建築物の敷地が防火地域の内外にわたる場合、その敷地内の建築物の全部が耐火建築物等であるときは、その敷地は、すべて**防火地域内**にあるものとみなされ、建蔽率の規定は適用されない。

建蔽率の緩和（＋1／10）が適用されるもの

①防火地域（建蔽率の限度が8／10とされている地域を除く。）内にある耐火建築物等
②準防火地域内にある耐火建築物等もしくは準耐火建築物等
③角地の指定のある敷地内にある建築物
　　注意 上記①または②に該当し、かつ③に該当するものは、＋2／10の緩和が適用される。

 押さえておこう

- 階段室、昇降機塔等の建築物の屋上部分で、その水平投影面積の合計が当該建築物の建築面積の1／8以下の場合に算入されないのは、延べ面積ではなく、建築物の高さ及び階数を算定する場合である。
- 敷地に接する道路の幅員によって制限が異なるのは、建蔽率ではなく容積率である。
- 商業地域は、建蔽率の限度が8／10と決まっている。

荷重・外力の超頻出ポイント！

■積載荷重

荷重と外力に関する問題は、繰り返し同じ内容が問われる傾向が強い。そこで、超頻出ポイントを集めて、効率的に試験対策を行おう。まずは、積載荷重から見ていこう。

積載荷重については、建築基準法施行令85条からの出題がポイントとなる。

構造計算において、同一の室に用いる積載荷重は、一般に「床」の荷重を一番大きく見積り、「梁・柱・基礎」などの架構については、荷重が均されるため、それほど大きくなくてよく、「地震力」については、荷重の集中を考慮せず、階全体で負担するため、一番小さい値となる。

また、床の単位面積当たりの積載荷重でいえば、席が固定されている教室よりも、百貨店や店舗の売り場のほうが、人の集中が起こりやすいので、大きく見積もる。

さらに、柱・基礎の垂直荷重による圧縮力を計算する場合には、劇場・映画館等を除いて、そのささえる床の数に応じて、低減することができる。

なお、倉庫業を営む倉庫の床の積載荷重については、実況に応じて計算した値が $3,900\,\text{N}/\text{m}^2$ 未満の場合においても、$3,900\,\text{N}/\text{m}^2$ としなければならない。

■積雪荷重

積雪荷重については、同じく、建築基準法施行令86条からの出題だ。その頻出ポイントを見てみよう。

まず、屋根の積雪荷重は、屋根に雪止めがある場合を除き、その勾配が60度を超える場合においては、零とすることができる。計算上、60度を超える急勾配の屋根の場合は、積雪荷

重がゼロとなるのだ。

　また、屋根面における積雪量が不均等となるおそれのある場合においては、その影響を考慮して積雪荷重を計算しなければならない。これは、同条 5 項の規定そのままだ。

■風圧力

速度圧

　風圧力は、速度圧に風力係数を乗じて計算するが、その速度圧を求める式は、以下のとおりである。

$$q = 0.6\,E \cdot V_0^{\,2}$$

q : 速度圧（N／m²）

E : 当該建築物の屋根の高さ及び周辺の地域に存する建築物その他の工作物、樹木その他の風速に影響を与えるものの状況に応じて国土交通大臣が定める方法により算出した数値

V_0: その地方における過去の台風の記録に基づく風害の程度その他の風の性状に応じて 30 m／s から 46 m／s までの範囲内において国土交通大臣が定める風速

　したがって、速度圧は、その地方において定められた風速の **2 乗**に比例する。

　💥**平方根に比例するのではない！**

風力係数

　風圧力を求めるときに、速度圧に乗じる風力係数は、建築物の形状や風向き等により異なるが、原則として、**外圧係数**から**内圧係数**を減じた値とする。

$$C_f = C_{pe} - C_{pi}$$

C_f : 風力係数

C_{pe} : 閉鎖型及び開放型の建築物の外圧係数

C_{pi} : 閉鎖型及び開放型の建築物の内圧係数

 押さえておこう

- 構造計算において、建築物の屋根版に作用する風圧力と、屋根葺き材に作用する風圧力とは、それぞれ個別に計算する。
- 風圧力が作用する場合の応力算定においては、一般に、地震力が同時に作用しないものとして計算する。
- 建築物の転倒、柱の引抜き等を検討する場合においては、建築物の実況に応じて積載荷重を減らした数値によるものとする。

221

Lesson 02 設計用地震力の超頻出ポイント！

■設計用地震力に関する用語

　設計用地震力に関する問題も、荷重と外力の問題と同様、繰り返し同じ内容が問われる傾向が強い。早速、頻出ポイントを見ていこう。

許容応力度計算	・建築物の部材に荷重・外力により生じる力の計算。一次設計で行う。
必要保有水平耐力計算	・建築物が有すべき各階の保有水平耐力（横揺れに対する耐力）の下限値の計算。二次設計で行う。
標準せん断力係数 C_o	・一次設計では中程度の地震を想定して 0.2 以上（地盤が著しく軟弱な区域内の木造建築物では、0.3 以上）、二次設計では大地震を想定して 1.0 以上とする。
地震層せん断力係数 C_i	・建築物の地上部分の地震力を求める際に、固定荷重と積載荷重の和に乗じる係数。 ・一般に、上階になるほど大きくなる。
水平震度 k	・建築物の地下部分の各部分に作用する地震力を求める際に、固定荷重と積載荷重の和に乗じる数値。
地震地域係数 Z	・その地方における過去の地震の記録に基づく震害の程度及び地震活動の状況その他地震の性状に応じて 1.0 から 0.7 までの範囲内において国土交通大臣が定める数値。
振動特性係数 R_t	・建築物の振動特性を表すものとして、建築物の弾性域における固有周期及び地盤の種類に応じて国土交通大臣が定める方法により算出した数値。 ・一般に、建築物の設計用一次固有周期が長くなるほど小さくなる。

地震層せん断力係数の分布係数 A_i	・建築物の振動特性に応じて地震層せん断力係数の建築物の高さ方向の分布を表すものとして国土交通大臣が定める方法により算出した数値。 ・一般に、上階になるほど大きくなる。

■地震力に関係する式

地震力に対する各階の必要保有水平耐力

$$Q_{un} = D_s \cdot F_{es} \cdot Q_{ud}$$

Q_{un} ： 各階の必要保有水平耐力（kN）

D_s ： 各階の構造特性を表すものとして、建築物の構造耐力上主要な部分の構造方法に応じた減衰性及び各階の靭性を考慮して国土交通大臣が定める数値

F_{es} ： 各階の形状特性を表すものとして、各階の剛性率及び偏心率に応じて国土交通大臣が定める方法により算出した数値

Q_{ud} ： 地震力によつて各階に生ずる水平力（kN）

建築物の地上部分の一定の高さにおける地震層せん断力係数

$$C_i = Z \cdot R_t \cdot A_i \cdot C_o$$

i ： 層（階）

水平震度

$$k \geqq 0.1 \left(1 - \frac{H}{40}\right) Z$$

H ： 建築物の地下部分の各部分の地盤面からの深さ（20 m を超えるときは 20 m とする。）

■地震力を表す式

地上部分

$$Q_i = C_i \cdot W_i$$

Q_i ：その層における地震力

C_i ：地震層せん断力係数

W_i ：その層以上の重量

地下部分

$$F = W \cdot k$$

F ：地下部分における地震力

W ：各部分の重量

k ：水平震度

Lesson 03

建築材料は強度に注目！

■木材の強度

建築材料の木材、コンクリート、鋼材、それぞれの強度に注目してみよう。まずは、木材の強度だ。

木材は一般的に、含水率が高い、つまり、水分を多く含むと、強度が低下する。だから、木材を構造材として使用する場合には、乾燥させて、含水率が 20 ％以下になってから使用するのだ。

この乾燥の過程で、繊維飽和点と呼ばれる状態に達し、それを超えて含水率が低くなると、強度は増大していくが、繊維飽和点以上の含水率では、ほぼ一定となる。繊維飽和点の含水率は、ほぼ 30 ％程度だ。

木材の乾燥には、収縮が伴うが、この乾燥収縮率は、木材の繊維方向（立木の縦方向）が一番小さく、年輪の接線方向が一番大きい。

> 年輪の接線方向 ＞ 年輪の半径方向 ＞ 繊維方向

そしてこの、繊維方向の基準強度の大小関係は、せん断強度が最も小さく、曲げ強度が最も大きい。これは、薪を立てて置いたときのことを考えれば、容易にわかるだろう。

> 曲げ強度 ＞ 圧縮強度 ＞ 引張強度 ＞ せん断強度

■コンクリートの強度

コンクリートの強度には、いろいろな側面から迫ることができる。まずは、調合設計における強度を見てみよう。

ここで問題になるのは、調合管理強度と品質基準強度、調合強度だ。調合管理強度とは、構造体コンクリートの強度が品質基準強度を満足するようにコンクリートの調合を定める場合に、供試体が満足しなければならない圧縮強度のことである。調合管理強度は、品質基準強度＋構造体強度補正値（≧ 0）で求

められるため、当然、品質基準強度よりも大きい値となる。

　調合強度とは、コンクリートの調合を定める場合に目標とする平均圧縮強度のことであり、調合管理強度に圧縮強度の標準偏差を加えた値以上とするため、当然、調合管理強度よりも大きい値となる。

　したがって、この3種類の強度の大小関係は、次のようになる。

> 調合強度 > 調合管理強度 > 品質基準強度

　なお、品質基準強度は、設計基準強度と耐久設計基準強度の大きいほうの値をとるため、設計基準強度や耐久設計基準強度は、品質基準強度より大きいとはいえない。

　次に、コンクリートの強度の大小関係を見てみよう。コンクリートの強度の大小関係はズバリ、圧縮強度 > 曲げ強度 > 引張強度である。そして、圧縮強度は、水セメント比が小さいものほど高い。水セメント比とは、その名のとおり、水とセメントの割合で、水 / セメントで求められる。つまり、水が多いほど水セメント比の値は大きくなり、ゆるいコンクリートということになる。

　ちなみに、圧縮強度が高い、つまり、水セメント比の小さいコンクリートほど、中性化速度は小さくなる。

■鋼材の強度

　鋼材の強度は、鋼材の硬さと関連している。鋼材は、炭素の含有量が多くなると、硬くなり、引張強さが大きくなる。ダイヤモンドが炭素でできていることを思い出そう。ただし、炭素含有量が増えると、一般に溶接性は低下する。

　一般の鋼材の引張強さは、温度が 200 ～ 300 ℃程度で最大となり、それ以上の温度になると、急激に低下する。また、低温状態で負荷がかかると、脆性破壊しやすくなる。

 押さえておこう

- 建築構造用耐火鋼（FR 鋼）は、一般の鋼材よりも高温時の強度を向上させ、600 ℃における降伏点が常温規格値の 2 / 3 以上あることを保証した鋼材である。
- 日本産業規格（JIS）において、SN400 等の数値は、引張強さの下限値を表している。**注意** 降伏点の下限値ではない！

型枠工事は
取り外しを押さえる！

■型枠の存置期間

基礎・梁側・柱・壁のせき板

　計画供用期間とは、構造体に鉄筋腐食やコンクリートの重大な劣化が生じてはならない期間のことで、短期・標準・長期・超長期の各級がある。本試験で問われるのは、「短期」（約30年）と「標準」（約65年）のみだ。

　計画供用期間の級が「短期」及び「標準」の場合、初期凍害を受けることなく、また、容易に傷つかない最低限の強度を確保するために、構造体コンクリートの圧縮強度が $5\,N/mm^2$ 以上であることを確認した後に、せき板を取り外すこととされている。

　また、計画供用期間の級が「短期」及び「標準」の場合、平均気温が10℃以上の場合は、構造体コンクリートの圧縮強度試験を省略して、下表に示す日数以上を経過すれば、せき板を取り外してよいとされている。

セメントの種類 平均気温	コンクリートの材齢（日）		
	・早強ポルトランドセメント	・普通ポルトランドセメント ・高炉セメントＡ種 ・シリカセメントＡ種 ・フライアッシュセメントＡ種	・高炉セメントＢ種 ・シリカセメントＢ種 ・フライアッシュセメントＢ種
20℃以上	2	4	5
20℃未満 10℃以上	3	6	8

スラブ下・梁下の支保工

　スラブ下・梁下の支保工は、設計基準強度の 100% 以上で取り外すこととされている。85% や 95% で取り外すとするひっかけ問題が出ているので、気をつけよう。

　また、適切な計算方法によって安全性が確認された場合には、上記の規定にかかわらず、設計基準強度以下でも支保工を取り外すことができるとされているが、その場合でも、所要圧縮強度の最小値は、$12 \, \text{N} / \text{mm}^2$ である。

■支柱の最小存置期間

　これは頻出事項ではないが、出題されることもあるので、参考のために掲載しておこう。

セメントの種類＼平均気温	コンクリートの材齢（日）			梁下
	スラブ下			
	• 早強ポルトランドセメント	• 普通ポルトランドセメント • 高炉セメント A 種 • シリカセメント A 種 • フライアッシュセメント A 種	• 中庸熱ポルトランドセメント • 低熱ポルトランドセメント • 高炉セメント B 種 • シリカセメント B 種 • フライアッシュセメント B 種	左記のすべてのセメント
15℃以上	8	17	28	28
5℃以上	12	25		
0℃以上	15	28		

押さえておこう

- せき板として用いる合板は、特記がなければ、日本農林規格（JAS）で規定されている厚さ 12 mm のコンクリート型枠用のものを用いる。
- 型枠は、垂直せき板を取り外した後に、水平せき板を取り外せるように組み立てる。

■**高力ボルト接合**

　鉄骨工事の問題で問われる高力ボルト接合に関しては、誤った記述として出題される確率が高い。以下、誤った記述として過去に出題された内容を見てみよう。

孔あけ加工

• 高力ボルトの孔あけ加工は、特記がなければドリル孔あけとし、接合面をブラスト処理する場合は、ブラスト前に孔あけ加工する。ブラスト処理した**後**に、ドリルあけするのではない。

組立て精度

• 接合部に 1 mm を超える肌すきがある場合は、フィラープレートを入れる。締付けの**トルク値**を高めることにより修正するのではない。

錆止め塗装

• 高力ボルト摩擦接合部の摩擦面には、錆止め塗装は行わない。締付けに先立ち防錆塗装を**行う**のではない。

締付け作業

• 高力ボルトの締付け作業は、一次締め、マーキング、本締めの 3 段階で行う。マーキングを行った**後**に、一次締めと本締めを行うのではない。

一群の高力ボルトの締付け

• 一群の高力ボルトの締付けは、中央部より板端部に向かって締め付ける。**周辺部**から**中央**に向かうのではない。

締付け後の検査

• トルシア形高力ボルトは、締付け完了後、すべてのボルトについてピンテールが破断していることを確認する。**破断していない**ものを合格とするのではない。

■その他の頻出誤り事項

仮設工事

- くさび緊結式足場（単管足場）における壁つなぎの間隔は、垂直方向 5.0 m 以下、水平方向 5.5 m 以下とする。数値を逆にするひっかけ問題や、ともに **6 m** とするひっかけ問題に注意。
- 高さが 5 m 以上の枠組足場における壁つなぎの間隔は、垂直方向 9 m 以下、水平方向 8 m 以下とする。水平方向を **9 m** とするひっかけ問題に注意。

杭工事

- セメントミルク工法による掘削後のアースオーガーの引抜きにおいて、アースオーガーを逆回転させてはならない。**逆回転**させながら引き抜くのではない。

木造住宅の基礎工事

- 床下の防湿措置においては、床下地面全面に厚さ 0.15 mm のポリエチレンフィルムを、重ね幅 150 mm 以上として敷き詰める。**100 mm** では少なすぎる。

型枠工事

- 梁下の支柱は、構造体コンクリートの圧縮強度が設計基準強度の 100 ％以上のときに取り外すことができる。原則として、設計基準強度よりも**小さい**場合には、取り外してはならない。

鉄筋工事

- 柱主筋をガス圧接継手とする場合、隣り合う主筋の継手は、同じ位置とならないように 400 mm 以上ずらす。**300 mm** では少なすぎる。
- 柱の鉄筋のかぶり厚さは、帯筋の外側表面から、これを覆うコンクリート表面までの最短距離とする。**主筋**の外側表面からではない。

コンクリート工事

- コンクリート棒形振動機による締固めは、コールドジョイントを防止するため、棒形振動機の先端が、先に打ち込まれたコンクリートの層に入るようにして行う。先に打ち込まれた層に**入れない**と、コールドジョイントの原因となる。
- コンクリートの打継ぎ面は、新たにコンクリートを打ち込む前に、レイタンスなどを取り除き、湿潤にしておく。**乾燥**させてはならない。

鉄骨工事

- 作業場所の気温が− 5℃以上 5℃以下の場合は、溶接線から 100 mm までの範囲の母材部分を加熱して、溶接を行う。**50 mm** では少なすぎる。
- ターンバックル付き筋かいを有する構造物においては、その筋かいを用いて建入れ直しを行ってはならない。架構の倒壊防止用に使用するワイヤーロープは、建入れ直し用に兼用してもよい。
- 筋かいによる補強作業は、建方の当日に行う。**翌日**まで延ばしてはならない。

頻出誤り事項は これだ！（2）

■補強コンクリートブロック工事

補強コンクリートブロック工事も、頻出誤り事項が豊富な分野だ。早速、見ていこう。

鉄筋の加工・組立て

- 耐力壁の縦筋には、継手を設けない。ブロックの空洞部内で**重ね継手**とする、というひっかけに要注意！
- ブロック塀の縦筋は、上部を**臥梁**、下部を**基礎**に定着させる。上部は最上部の**横筋**に定着させるというひっかけに注意。

ブロック積み

- モルタルと接するブロック面は、付着物等を取り除き、適度に**水湿し**を行って、ブロック積みを行う。十分に**乾燥**させるのではない。
- 縦目地空洞部には、ブロック**2段**以下ごとにモルタルを充填する。**4段**ごとではない。
- ブロックの空洞部の充填コンクリートの打継ぎ位置は、ブロック上端面から5cm程度下がった位置とする。上端面と**同じ**位置ではない。

■その他の頻出誤り事項

外壁のALCパネル工事

- ALCパネルの短辺小口相互の接合部の目地幅は、耐火目地材を充填する必要がない場合、特記がなければ、10〜20mmとする。**5mm**では少なすぎる。

木工事

- 根太を設けた床組の床下地板にパーティクルボードを使用する場合は、厚さを15mm以上とする。**12mm**では薄すぎる。
- 根太を用いない床組（梁等の間隔が910mm）で、床下地材として構造用合板を使用する場合は、厚さを24mm以上とする。**15mm**では薄すぎる。
- 継手は、乱に配置する。**心でそろえる**のではない。

防水工事

- 保護コンクリートに設ける伸縮調整目地のパラペットに最も近い目地は、パラペットの立上りの仕上げ面から 600 mm 程度の位置に設ける。**1.5 m の位置ではない。**

屋根工事

- 葺きに用いるアスファルトルーフィングは、壁面との取合い部において、その壁面に沿って 250 mm 以上立ち上げる。**150 mm ではない。**

左官工事

- コンクリート壁面へのモルタル塗りは、下塗り ➡ むら直し ➡ 中塗り ➡ 上塗りの順で行う。むら直しは、**中塗りの後**に行うのではない。
- 屋内床面のセルフレベリング材塗りにおいて、材料が硬化するまでの間は、窓や出入口をふさぎ、自然乾燥とする。窓や出入口を**開けて**通風を確保するのではない。

タイル工事

- 内壁タイルの接着剤張りにおいて、タイルの張付けに当たり、下地面に**吸水調整材**を塗布してはならない。**塗布する**とするひっかけに注意。

塗装工事

- 屋外のモルタル面の素地ごしらえには、**合成樹脂エマルションパテ**は使用しない。屋内のモルタル面の素地ごしらえに使用する。
- 屋外の鉄骨面には、**合成樹脂エマルションペイント**は使用しない。屋内のモルタル面やせっこうボード面の塗装に使用する。
- 冬期におけるコンクリート面への塗装においはて、素地の乾燥期間の目安を 4 週間（28 日）とする。**3 週間**や **14 日間**では短すぎる。

建具工事

- 木製建具の保管に当たり、障子は**立てかけ**とし、フラッシュ戸は**平積み**とする。逆にしたひっかけ問題が出るぞ。

内装工事

- コンクリート下地にせっこうボードを直張りするに当たり、直張り用接着剤の乾燥期間は、せっこうボード表面への仕上材に通気性がある場合は、7 日間以上とする。**5 日間**では短すぎる。

設備工事

- 給水管と排水管を平行に地中に埋設するに当たっては、両配管の水平間隔を 500 mm 以上とし、給水管が排水管の上方となるようにする。**300 mm** や **400 mm** では少なすぎる。

さくいん

さくいん（建築計画・建築法規）

235

236

さくいん（建築法規・建築構造）

本書の正誤情報や、本書編集時点から 2024 年 1 月 1 日（2024 年試験の出題法令基準日〈予定〉）までに施行される法改正情報等は、下記のアドレスでご確認ください。

http://www.s-henshu.info/2kcsk2312/

上記掲載以外の箇所で正誤についてお気づきの場合は、**書名・発行日・質問事項**（該当ページ・**行数**などと**誤りだと思う理由**）・**氏名**・**連絡先**を明記のうえ、お問い合わせください。
・web からのお問い合わせ：上記アドレス内【正誤情報】へ
・郵便または FAX でのお問い合わせ：下記住所または FAX 番号へ
※電話でのお問い合わせはお受けできません。

[宛先]　コンデックス情報研究所
　　　　『これだけ覚える！　2 級建築士 スピード攻略 '24 年版』係
　住所　　：〒 359-0042　所沢市並木 3-1-9
　FAX 番号：04-2995-4362　（10:00 ～ 17:00　土日祝日を除く）

※**本書の正誤以外に関するご質問にはお答えいたしかねます。**また受験指導などは行っておりません。
※ご質問の受付期限は、2024 年 7 月の学科試験日の 10 日前必着といたします。
※回答日時の指定はできません。また、ご質問の内容によっては回答まで 10 日前後お時間をいただく場合があります。
あらかじめご了承ください。

■**編著：コンデックス情報研究所**
　　　1990 年 6 月設立。法律・福祉・技術・教育分野において、書籍の企画・執筆・編集、大学および通信教育機関との共同教材開発を行っている研究者・実務家・編集者のグループ。

■**イラスト：ひらのんさ**

これだけ覚える! 2級建築士 スピード攻略 '24年版

2024年1月20日発行

編　著　コンデックス情報研究所

発行者　深見公子

発行所　成美堂出版
　　　　〒162-8445　東京都新宿区新小川町1-7
　　　　電話(03)5206-8151 FAX(03)5206-8159

印　刷　大盛印刷株式会社